金頭腦 終極題庫 200 選

刺激記憶、邏輯，
加強科學、史哲。
全家人一起挑戰，
你也能成為聰明智多星！

目錄

General Knowledge *Part I*

P6 生活常識

Geography & Physics *Part II*

P56 地理與科學

The Mysteries of lives *Part III*

Literature & Histories *Part IV*

General Knowledge *Part I*

☑ 生活常識

闖主題

Q1 下列那個國家的行走方向不是靠左走？

① 印度
② 泰國
③ 新加坡
④ 越南

永春高中／地理老師／楊念慈

❹ 越南

道路通行方向是世界各國交通規則中的一個重要內容，它規定了車輛在道路上的行駛方位，避免出現混亂和事故。道路通行方向可分為車輛靠左行駛和靠右行駛兩類。34% 的國家靠左行駛，66% 的國家靠右行駛。如果按道路里程計算，目前全世界可通行道路中，28% 靠左行駛，72% 靠右行駛。

值得留意的是，除日本和澳門外，大部分靠左行駛的國家和地區，過去多是英國的殖民地，如印度、新加坡等，獨立後仍然維持靠左行駛的習慣。日本則是因為在幕府時代，武士通常佩刀於身體左側，右手持刀戰鬥，因此形成靠左行走的習慣。明治維新之後，日本引進英國交通法規，也是靠左行駛，此規則因此確立下來。澳門則因依賴鄰近的香港進口右駕車（靠左），且當時鄰近的華南也左行，故沒跟隨殖民母國葡萄牙改為右行。

1835 年，英國以法令確立靠左行駛的交通規則，英國殖民地也維持了這些規則。唯一的例外是作為英國保護國的埃及，之前被法國拿破崙征服時沿用靠右行駛的規則，英國佔領埃及後並未改變。與此相反，雖然荷蘭本土被拿破崙征服後，改採右行規則，但其海外殖民地——荷屬東印度（今印尼）和荷屬蓋亞那（今蘇利南）仍然保持左行的習慣。

⊗ 選擇題

$Q2$ 「YAHOO」一詞出自小説《格列佛遊記》，意指？

❶ 天馬行空
❷ 野蠻人
❸ 想像豐富
❹ 冒險

❷ 野蠻人

Yahoo! 的創辦人大衛・費羅（David Filo）和楊致遠解釋：「我們那時並沒有當真，沒有把建立網站當成一項事業，也沒有想到會有今天的成功。我們完全是出於一種嗜好、好玩。既然是為了好玩，為什麼不起一個好玩一點的名字？！《格列佛遊記》中的那群叫『Yahoo』的人是沒有受過教育，沒有文化的野人，沒什麼水準。我們在斯坦福大學正事不做，遊手好閒，沒什麼水準，於是我們也自嘲為 Yahoo。」

⊗ 選擇題

Q3 現代人出遊的時候喜歡用相機記錄當下歡樂的氣氛。
問：世界上第一張照片拍攝的主題是？

❶　窗外
❷　戰爭
❸　小孩
❹　樹木

❶ 窗外

1826 年尼埃普斯 (Joseph Nicéphore Nièpce) 將其發明的感光材料放進暗盒，拍攝和記錄下歷史上第一張攝影作品，作品在他法國勃根地的家裡拍攝完成，通過其閣樓上的窗戶拍攝，曝光時間超過 8 小時。

⊗ 選擇題

Q4 台灣是水果王國，很多的水果都又香又甜。
問：如果買到未熟的水果又想要趕快吃到，
下列何者可以天然催熟？

❶ 直接放入冷凍庫中
❷ 反覆冷藏
❸ 用報紙包著放冰箱冷藏
❹ 室溫下與蘋果放在一起

❹ 室溫下與蘋果放一起

蘋果、梨子、番茄是乙烯分泌量較高的蔬果，乙烯是普遍存在植物體內的 5 大天然植物激素之一，會加速水果的成熟和老化，若將一般蔬菜、水果與此類水果放在一起，就容易提早老化、腐爛，也是天然的「催熟劑」。

同一袋蘋果，若其中一顆受到碰撞或是表皮受損時，更會散發出大量的催熟激素，很容易導致周圍的其他水果被影響，加速成熟速度。

⊗ 選擇題

Q5 許多人喜歡在冬天的時候出國滑雪。
問：滑雪最早是從什麼行為演變而來？

❶ 狩獵
❷ 刑求
❸ 調情
❹ 運動

❶ 狩獵

在瑞典發現的洞穴壁畫證明了滑雪的起源已經遠超過千年，是北俄及北歐斯堪地納維亞地區當初為了漫長的冬天旅行和狩獵的方便所衍生出來的工具，漸而普遍使用，現在已成為許多人熱衷的運動。

⊗ 選擇題

Q6 馬拉松是一項考驗耐力的長跑運動。現在規定的長度是 **42 公里 195 公尺**。
問:「馬拉松」原本指的是下列什麼東西?

❶ 戰爭
❷ 傳令兵
❸ 平原
❹ 競技場

---

❸ 平原

「馬拉松」原來是希臘一個平原的名字。西元前 490 年,波斯軍隊攻打希臘,在馬拉松遇到雅典軍,雖然雅典的兵力薄弱,但憑著優異的武器與戰略,終於擊敗波斯。信差費德皮迪茲為了盡快向同胞宣布勝利的消息,於是跑回雅典,到達後不久即因為過度疲勞而死。後世為了紀念他,在第一屆奧運時增加了由馬拉松到雅典長約 40 公里的賽跑項目,這就是馬拉松的由來。

⊗ 選擇題

Q7 國際求救訊號定為「SOS」的原因是？

❶ 鐵達尼號最後的訊息
❷ 英文 Save Our Ship（救我們的船）
❸ 方便使用摩斯密碼
❹ 方便用物品排成此字樣

❸ 方便使用摩斯密碼

SOS 這三個字母的摩爾斯電碼念成：「滴滴滴、答～答～答～、滴滴滴」，分別為「三短音、三長音、三短音」。極為簡潔明確，即便是未經訓練的民眾，也可以輕易地利用手邊的器物發出這樣的信號，或是加以辨識。

☐ 圖片題

Q8 由荷蘭設計師霍夫曼設計的巨大黃色鴨子,是一個名為「**Rubber Duck Project**」的企劃。
問:黃色小鴨的主要使命是什麼?

❶ 宣揚荷蘭藝術
❷ 祈求世界和平
❸ 陪伴設計師環遊世界
❹ 廣告宣傳

❷ 祈求世界和平

由荷蘭設計師霍夫曼 (Florentijn Hofman) 設計的巨大黃色鴨子,是一個名為「Rubber Duck Project」的企劃,目的是希望當世界上的人們看到這隻圓滾滾的巨鴨時,能夠被它可愛的身影所療癒,同時也祈求世界走向和平、人與人之間更加親密。
霍夫曼會根據每座城市的天氣、潮汐及擺放位置等不同條件,重新設計作品的尺寸,並且強調是為本地製造,他希望藉由每個城市參與製作,讓當地居民能夠更喜好黃色小鴨。

Q

⊗ 選擇題

Q9 流鼻血是小孩常見的緊急狀況之一。
問：當孩子流鼻血時，下列哪個姿勢是正確的？

❶ 兩指捏住軟鼻翼
❷ 頭向後仰
❸ 冰敷額頭
❹ 把血吞下去

❶ 兩指捏住軟鼻翼

兒童流鼻血主要的成因常是前端鼻黏膜微血管破裂。流鼻血的處理方法為：身體坐直，頭往前，鼻子捏緊，經口呼吸，把血從嘴吐出，以免造成嗆傷或噁心嘔吐。也可以用手直接捏住出血側的鼻翼上方、也就是鼻子較為柔軟的地方，直接使用加壓止血法，壓迫五到十分鐘，直到停止流血為止。未流血的另一側鼻孔則可保持呼吸通暢，不需壓迫。

Q

□ 圖片題

Q10 藝術大師李奧納多‧達文西的經典作品《蒙娜麗莎的微笑》，畫作中女主角那一抹神祕的微笑令人著迷，從不同角度觀賞彷彿她的眼神都正在與觀者對視，笑容也隨著光線不同若隱若現，因而風靡全世界。

問：達文西是運用了什麼方法製造出這樣神奇的效果？

❶ 模特兒是靈媒
❷ 嘴部使用特殊繪畫技巧
❸ 人物與背景不同色調
❹ 人物姿勢角度

❷ 嘴部使用特殊繪畫技巧

最近有學者指出蒙娜麗莎之所以看起來似笑非笑是因為達文西應用了眼睛的錯覺。我們眼睛的中心部位對較亮的區域敏感，而邊緣則對較暗的區域敏感。一般人確認笑容時主要是靠嘴唇和眼睛的形態特徵來判斷，而達文西就是利用了蒙娜麗莎嘴唇形成的陰影，當你盯著她的眼睛時你會注意到她的嘴和眼睛，就會覺得她在微笑，而你盯著她的嘴時你會忽視她的嘴和眼睛，就會覺得她沒有在微笑。

後來經 X 光照射，發現蒙娜麗莎嘴部塗 40 層顏料，每一層都很薄。證實並不是用筆所畫，而是作者把顏料塗在手上繼而畫在上面。而每一層顏料都要幾個月才能風乾，推算大約 10 年才畫好這幅《蒙娜麗莎的微笑》。

Q

⊗ 選擇題

Q11 猶太教徒會在某一個時間不用電,是他們的節日之一,當天不能工作,開車、坐電梯、打電話、看電視,甚至連電燈的開關都不能碰。
問:猶太教徒在哪個節日不用電?

❶ 聖誕節
❷ 安息日
❸ 七七節
❹ 贖罪日

❷ 安息日

安息日是從每星期五日落前開始,到星期六天黑後結束。每週五的報紙、收音機等都會告訴你不同地區的安息日時間,不過都只差幾分鐘。安息日當天不能工作、開車、坐電梯、打電話、看電視,甚至連電燈的開關都不能碰。另外,他們在星期四或星期五工作完畢或者講完電話的時候,彼此會互道一聲:「Shabat shalom(安息日好)!」即便在外面店家的主顧之間也是如此。

Q

⊗ 選擇題

Q12 有很多非正式的經濟指標常被引用，像知名的《經濟學人》雜誌偏好以食物編列指數做比較，用以觀察各國的匯率及物價是否合理。
問：以下那一個不是《經濟學人》雜誌編製的指標？

❶ 漢堡
❷ 可樂
❸ 咖啡
❹ 甜甜圈

❹ 甜甜圈

英國《經濟學人》選擇以風行各地的食物為指標，來推估匯率的合理性。最具代表性的指標就是 1986 年推出的大麥克指數，大麥克指數選擇麥當勞的麥香堡做為比較的基準，原因是麥香堡在多個國家均有供應，它在各地的製作規格都相同，且都由當地的經銷商提報材料價格，這些因素，使該指數能有意義地比較各國貨幣。在 2004 年《經濟學人》又推出了中杯拿鐵指數（Tall Latte Index），計算原理和麥香堡一樣。也曾推出「可口可樂地圖」，由每個國家可樂飲用量，比較國與國間的財富，可樂飲用量越多，顯示該國就越富有。

☑ 圖片題

Q13 針灸哪個部位可以緩解頭痛？

❶ 列缺穴

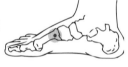 ❷ 支溝穴

❸ 委中穴

❹ 公孫穴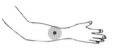

❶ 列缺穴

列缺穴位於三經交會處，主治頭痛，脖子僵硬，咳嗽，氣喘等。
按摩支溝穴可促進排便，主治脅肋痛，肘臂痛，嘔吐，耳鳴，
耳聾等。委中穴主治疾病為：坐骨神經痛、小腿疲勞、肚子疼
痛、脖子痠痛、腰部疼痛或疲勞、臀部和膝蓋疼痛。公孫穴則
主治胃痛，嘔吐，腹痛，痢疾，腹脹，食不化，腳氣等。

⊗ 選擇題

$Q14$ 綜藝節目當中，常使用「乾冰」製造出許多的效果。
問：「乾冰」是下列哪一種物質？

❶ 一氧化碳
❷ 氮氣
❸ 二氧化碳
❹ 氫氣

❸ 二氧化碳

二氧化碳在常壓下是一種無色、無臭、不助燃、不可燃的氣體。
二氧化碳的固體狀態是乾冰，乾冰在室溫下會直接凝華為氣體，
所以乾冰為二氧化碳的固體狀態。

⊗ 選擇題

Q15 下列四條跆拳道腰帶中，那一條段數最高？

❶ 紅帶
❷ 藍紅帶
❸ 白帶
❹ 綠帶

❶ 紅帶

以上四條腰帶由段數高低排列依序為：紅帶 > 藍紅帶 > 綠帶 > 白帶。

跆拳道紅帶意味著此運動員具備一定的危險程度，已有相當實力，但是修養和控制能力仍然有改善的空間。而白帶則代表最初級，運動員還在入門階段。而最高的黑帶則表示白色的對立，相對白色技術已經熟練，意味著其在黑暗中也能發揮自身的能力，有著不怕黑暗、無懼艱辛的意思。

快問　ROUND 1　快答

Q16 小孩出生後的第一次排便的顏色是？

❶ 青色　　❷ 黑色　　❸ 咖啡色　　❹ 黃色

① 「胎便」是指出生後第一次大便，為一種較黏、墨綠色、無臭的物質，通常在生下 24 小時內排出。

Q17 世界上第一包泡麵是什麼口味的？

❶ 雞湯拉麵　　❷ 豚骨拉麵　　❸ 海鮮拉麵　　❹ 清湯拉麵

① 世界第一包泡麵，誕生於 1958 年的日本，由泡麵發明之父、現日本大阪市日清食品公司會長——安藤百福研發世界第一包「雞湯拉麵」泡麵。

Q18 四神湯的「四神」的四樣藥材不包括下列哪一項？

❶ 山藥　　❷ 芡實　　❸ 薏仁　　❹ 蓮子

③ 四神湯的第四樣是茯苓，四神湯中加入薏仁只是用來增加口感。

Q19 BMI 值公式為？

❶ 體重除以身高　　❷ 身高除以體重

❸ 體重除以身高的平方　　❹ 身高除以體重的平方

③ BMI = 體重（公斤）/ 身高 ^{2}（公尺 ^{2}）

例如：一個 52 公斤的人，身高是 155 公分，則 BMI 為：

52（公斤）$\div 1.55^2$（公尺 ^{2}）$= 21.6$

Q20 米其林最原始的出版品是旅遊指南，現在則代表了全世界餐廳的最高評鑑標準。以下哪一個國家目前擁有最多的米其林三星級餐廳？

❶ 法國　　❷ 西班牙　　❸ 日本　　❹ 美國

③ 米其林三星級餐廳，日本有 32 家、法國 26 家、美國 10 家、西班牙 7 家。

⊗ 選擇題

Q21 剛買回來的雞蛋，在冰箱裡應該怎麼放比較好？

❶ 圓端朝下
❷ 尖端朝下
❸ 橫放
❹ 收藏在冷凍庫

❷ 尖端朝下

放置雞蛋時，請將圓端朝上，尖端朝下；因為蛋的氣室在圓的那端，若置於下方，氣室的空氣上升，會與蛋黃蛋白相接觸，導致不新鮮。在冰箱裡的雞蛋，最好不要和味道濃的東西放在一起，因為蛋殼的氣孔會吸收氣味，使蛋的味道改變。

⊗ 選擇題

Q22 俄羅斯娃娃的特色是層層疊疊，它也可用來許願。
問：對俄羅斯娃娃許願時，該如何做才正確？

❶ 對最裡面的娃娃許願
❷ 對最外面的娃娃許願
❸ 邊打開邊許願
❹ 邊闔上邊許願

❶ 對最裡面的娃娃許願

在俄國有一個奇妙的傳說：在每個俄羅斯娃娃裡都住著一位精靈，只要把娃娃全部打開，對著裡面最小的那個娃娃許下心願，再將全部的娃娃組合起來，那麼娃娃裡的精靈為了獲得自由，就會實現許願人的願望！因此，俄羅斯娃娃成為俄國人祝福的禮物。

⊗ 選擇題

Q23 為什麼有些棒球選手比賽時,會在眼睛下方塗顏料?

❶ 表現鬥志
❷ 減少陽光反射
❸ 保護皮膚
❹ 搭配制服

❷ 減少陽光反射

棒球選手在眼睛下方塗上「遮陽膏」,用來遮蔽白天比賽時陽光的反光,眼球是位在眼窩中,而下眼窩在太陽底下常會出油出汗,陽光照到下眼窩時會反射到眼睛而產生眩光,野球手常會因此而無法判斷球的落點,打擊者也會無法瞄準球打擊。遮陽膏材質必須要是有點粗糙的東西,不然會反光得更嚴重,比賽後用清水或洗面乳就可洗掉。

⊗ 選擇題

Q24 一克拉鑽石多重？

❶ 0.8 公克
❷ 1 公克
❸ 0.4 公克
❹ 0.2 公克

❹ 0.2 公克

用克拉作為重量單位，是從 1907 年國際商定為寶石計量單位開始，也是珠玉、鑽石等寶石的質量單位，和貴金屬的純度比例。一克拉固定等於 0.2 公克，一克拉可分為 100 分。因此，我們平常所說的 30 分鑽石就是 0.3 克拉（0.06 公克），50 分的鑽石就是 0.5 克拉（0.1 公克）鑽石。克拉英文是 carat，簡寫成 CT，通常我們說 1 克拉都是 1CT。

Q25 撲克牌中的黑桃、紅心、方塊、梅花代表什麼？

❶ 季節
❷ 情緒
❸ 身分
❹ 階級

❶ 季節

撲克牌 52 張代表一年中的 52 個星期，黑桃、紅心、方塊、梅花分別代表春、夏、秋、冬，每個花色 13 張代表每季的 13 個星期，1 ～ 13 的數字加起來等於 91，也是每一季的天數。

⊗ 選擇題

Q26 「馬賽克」是由什麼轉變而來的？

❶ 人名
❷ 格子襯衫
❸ 裝飾藝術
❹ 建築物

❸ 裝飾藝術

馬賽克（Mosaic）是一種裝飾藝術，也就是鑲嵌畫，通常使用許多小石塊或有色玻璃碎片拼成圖案。在拜占庭帝國時代，鑲嵌畫隨著基督教興起而發展為教堂及宮殿中的壁畫形式，在教堂中的玻璃藝品，又稱為花窗玻璃（stained glass）。現今馬賽克泛指這種五彩斑斕的視覺效果。

⊗ 選擇題

Q27 **007 系列電影改編自英國小説家伊恩佛萊明的小説，目前的 007 電影已經拍了 23 部，現任的丹尼爾克雷格已是六任龐德。我們都知道詹姆士龐德的代號是 007。**
問：007 的前面的「00」，代表的意思是？

❶ 共有 100 位探員
❷ 殺人執照
❸ 無所不能
❹ 英國情報單位的命名方式

❷ 殺人執照

伊恩佛萊明曾於 1939 年在英國情報機構軍情六處擔任勤務，第二次世界大戰期間在安全保障調整局擔任間諜。他筆下的龐德便隸屬於軍情六處，探員以 00 為開頭命名是佛萊明自己杜撰的，代表被授予可以除去任何妨礙行動的人的權力。真正的情報探員並不是以此法命名。

⊗ 選擇題

Q28 為什麼人睡著後偶爾會有失足掉下懸崖的感覺？

❶ 睡眠姿勢不良
❷ 睡前吃太多東西
❸ 肌肉先醒來
❹ 腦神經活動先於肌肉

❹ 腦神經活動先於肌肉

進入睡眠狀態後，肌肉基本上是完全放鬆的，唯一例外是激烈做夢的時候。當你快要睡著卻突然被某事驚醒時，常會湧上一種失足掉下懸崖或抽搐的感覺，原因是你的意識比肌肉早一步醒過來，也就是你已經醒了，但你的肌肉仍處於放鬆狀態。換句話說，你會意識你的肌肉逐漸從放鬆回復正常，這可能也是你突然抽搐的原因。你或許以為自己是被抽搐的動作驚醒，實則不然，真正的順序是你先醒來，肌肉才開始動作。

⊗ 選擇題

Q29 標準的 **CD** 時間固定為 **74** 分鐘。 問：為什麼 **CD** 的長度為 **74** 分鐘？

❶ 貝多芬第 **9** 號交響曲的長度
❷ 當時科技極限
❸ 適合 **14** 首曲目的長度
❹ 純屬巧合

---

❶ 貝多芬第九號交響曲的長度

相傳 CD 規格制訂當時有相當多的爭議，光是要放入幾分鐘的音樂就足以爭吵不休。飛利浦方面希望訂為 60 分鐘，當時的 Sony 社長大賀典雄則發表了另一種意見，「74 分鐘長度的 CD 就可以完整收錄貝多芬第 9 號交響曲，為什麼不加長一下？」，於是 CD 變成了現在 74 分鐘這一種規格。

⊗ 選擇題

Q30 啤酒瓶蓋外圈都是鋸齒狀，是英國人發明的。

問：為什麼啤酒瓶蓋外圈要設計成鋸齒狀？

❶ 封口機器設定為鋸齒狀
❷ 防止氣體跑掉
❸ 設計者喜歡鋸齒

❷ 防止氣體跑掉

應用力學的常識，如果要固定物體，比起 2 點、4 點，不如用 3 點來得穩。但若只用 3 點固定瓶蓋，二氧化碳容易跑掉，所以為了使蓋子與瓶口密合不讓氣體跑掉，就嘗試做出鋸齒且為 3 的倍數，在做到21點時發現很完美，之後有人嘗試增減數量，但卻沒有能再做出比 21 點更好的了。

⊗ 選擇題

Q31 餃子是我國民間喜愛的主食之一，其實餃子最初不是食品且原名叫做「嬌耳」。問：餃子最初是用來做什麼用的呢？

❶ 出戰備品
❷ 祭祀
❸ 寵物飼料
❹ 治病

❹ 治病

餃子最初是一味藥，原名叫作「嬌耳」，是我國醫聖張仲景發明的。從長沙棄官告老還鄉後的張仲景，走到家鄉白河岸邊，見很多窮苦百姓忍饑受寒，耳朵都凍爛了於是決心救治他們。他叫弟子在南陽東關的一塊空地上搭起醫棚，架起大鍋，在冬至那天開張，施捨藥品給窮人治傷。這個治療爛耳朵的藥名叫「祛寒嬌耳湯」，其做法是用羊肉、辣椒和一些祛寒藥材在鍋裡煮，煮好後再撈出來切碎，用麵皮包成耳朵狀的「嬌耳」，下鍋煮熟後分給求醫的病人。每人兩隻嬌耳，一碗湯。人們吃下祛寒湯後渾身發熱，血液通暢，兩耳變暖。

快問　　ROUND 2　　快答

Q32 白雪公主叫 Snow White，那麼白馬王子叫什麼？

❶ Prince Handsome　　❷ Prince Charming　　❸ Prince White

② Prince Charming 為格林童話中男主角名稱，而白馬王子則為台譯的名稱。

Q33 在插著鮮花的花瓶裡，加進什麼東西，可使鮮花的保鮮期延長許多？

❶ 啤酒　　❷ 檸檬汁　　❸ 鹽水

① 因啤酒含有乙醇，能消毒防腐花枝切口，而且啤酒中含有糖類、蛋白質、胺基酸和磷酸鹽等營養物質，有益花卉生長。

Q34 近期歐洲債務議題引起全球關注，下列哪些國家雖是歐盟成員，但並沒有加入歐元區？

❶ 英國　　❷ 芬蘭　　❸ 西班牙

① 英國雖然是歐盟的成員國，但尚未加入歐元區，故仍然使用英鎊。目前，英國商業已開始接受歐元和美元等外國貨幣。

Q35 俄羅斯輪盤中的數字加起來為？

❶ 666　　❷ 777　　❸ 888　　❹ 999

① 美式輪盤有 38 個號碼包括 0、00 號；歐式共有 37 個號碼包括 0 號；兩者加起來皆為 666。聖經中魔鬼數字 666，傳說設計輪盤者達成協議此後輪盤的數字。

Q36 下列何者非網址前 WWW 縮寫的三個 W 之一？

❶ World　　❷ Wire　　❸ Web　　❹ Wide

② WWW = World Wide Web

Q37 人們習慣把愚蠢的人叫「傻瓜」。
問：傻瓜的「瓜」最早指的是什麼？

❶ 地名
❷ 蔬果名
❸ 人名
❹ 國名

❶ 地名

在我國古代，秦嶺地區有一地取名「瓜州」（今甘肅省酒泉市瓜州線），聚居在那裡的姜姓人取為「瓜子族」。這一族人非常忠厚勤勞，受僱於人時，不懂得偷懶，人們便誤認為他們愚蠢，進而把這類的愚蠢之人叫做「瓜子」。清代黎士弘《仁恕堂筆記》中便說：「甘州人謂不慧，子曰『瓜子』。」甘州（今甘肅省張掖市）至四川一帶還叫不聰明的人為「瓜子」（即是瓜州的人）。「傻瓜」便是由「瓜子」演變而來的，而後沿用至今。

⊗ 選擇題

Q38 占星學中的 12 星座是怎麼來的？

❶ 希臘 12 個守護神
❷ 根據太陽運行的軌跡
❸ 根據地球公轉的軌跡
❹ 當月最亮的星座

❷ 根據太陽運行的軌跡

占星學上 12 星座，最初是由天文學上的黃道 12 宮而來，是太陽一年在天空中運行，所經過的 12 個星座。1930 年才由國際天文聯會確定蛇夫座為黃道上的第 13 個星座，蛇夫座並沒有被列在占星學的 12 星座裡。

⊗ 選擇題

Q39 失戀了會影響心情上班，不想上課。哪一個國家因此特地設立了「失戀特休假」？

❶ 美國
❷ 日本
❸ 荷蘭
❹ 加拿大

---

❷ 日本

日本有事假、有病假、有特休假、有生理假，現在還多了一個「失戀特休假」！日本企業ヒメアンドカンパニー（Hime & Company），考慮到女性如果失戀後就算來到公司也沒有戰鬥力而且還哭紅了雙眼，所以主動為女性設立了「失戀特休假」。這個假要怎麼請呢？一年可以請一次，25 歲前休 1 天，26~30 歲 2 天，30 歲以後 3 天，隨著年齡的增長，失戀的回覆力也不同，所以年紀越大，休假的天數也越多。

Q40 以前常聽人家說，「東北有三寶：人蔘、貂皮、烏拉草。」
問：烏拉草最大作用是什麼？

❶ 壯陽藥
❷ 保暖防寒
❸ 驅除蚊蟲
❹ 可降血壓

❷ 保暖防寒

烏拉草是多年生草本植物。具有保暖防寒的作用，大陸東北地區冬季氣溫低，最低可達攝氏零下四、五十度，一般的棉鞋難以禦寒。而老百姓用獸皮做成的烏拉，再墊上烏拉草，再冷的天也不凍腳。烏拉草在使用之前，還要用木棒捶打，打柔軟以後才不傷腳。

⊗ 選擇題

Q41 生活中有許多東西的原理都屬於「槓桿
原理」，以達到省力或省時的效果。
問：下列哪一樣東西的原理，是以省力
為出發點？

❶ 掃把
❷ 方向盤
❸ 鑷子
❹ 筷子

❷ 方向盤

掃把、鑷子、筷子施力點在中間的，支點和抗力點在兩邊，所
以施力臂會小於抗力臂，則施力大於抗力，可省時費力。方向
盤為槓桿原理中的輪軸，而施力處在輪上，所以施力臂大於抗
力臂，則施力大於抗力，可以省力。

⊗ 選擇題

Q42 在面臨校園霸凌問題時，師長的處理方式非常重要。
問：師長在處理重大校園霸凌事件時，如果沒有盡到通報的義務，可能會觸犯哪項法條？

❶ 少年事件處理法
❷ 兒童少年福利法
❸ 校園霸凌防制準則
❹ 民法

❷ 兒童少年福利法

兒童及少年福利與權益保障法第 53 條第 1 項規定，教育人員知悉兒童及少年遭受身心虐待者，24 小時內應立即向直轄市、縣（市）主管機關通報。未依規定通報而無正當理由者：處新臺幣 6 千元以上 3 萬元以下罰鍰。公立高級中等以下學校教師成績考核辦法第 7 條第 1 項第 2 款規定，其如屬違反法令，而情節重大者，得記大過。

⊗ 選擇題

Q43 **Google Earth 網站最近公佈，1984 年至 2012 年透過衛星拍攝地球的縮時影片，並發現地球變遷現象。**
問：下列關於衛星拍攝地球敘述何者為非？

❶ 伊朗烏爾米那湖逐漸乾枯
❷ 杜拜海邊出現人工小島
❸ 死海面積越來越大
❹ 阿拉斯加冰川逐漸縮減

❸ 死海面積越來越大

死海所在的地區是地溝，夾在兩個地質斷層崖之間，就像一個巨型集水盆，主要的供應河流是約旦河（Jordan River）以及一些小支流。按理說位處最底點，應該是水源充足，因為水往低處流，但今日的死海卻走向乾涸的命運，水量變小，鹽量日趨增多。

Q44 瑪格麗特披薩 (Pizza Margherita) 的名稱由來為下列何者？

❶ 廚師名叫瑪格麗特
❷ 好像瑪格麗特花的顏色
❸ 義大利地名
❹ 瑪格麗特王后愛吃

❹ 瑪格麗特王后愛吃

1889 年在義大利拿坡里的披薩師傅 Raffaelle Esposito，運用番茄、羅勒、莫札瑞拉起司，呈現紅、綠、白義大利國旗概念代表創作，瑪格麗特王后對這道呈現國旗顏色而且質樸的平民料理十分喜愛，於是便以瑪格麗特為它命名。

□ 圖片題

Q45 越來越多人喜歡使用和平符號來表達它本身的訴求。

問：史上第一次使用和平符號是為了反對什麼？

❶ 總理上任
❷ 戰爭
❸ 核武
❹ 同性戀

❸ 核武

1958 年英國的一群和平主義者、牧師、教徒一起組織了一次集會，為了讓人們警惕當時世界上越來越多的核武儲備。參加集會的約有五千人，聚集在倫敦的特拉法加 (Trafalgar Square) 廣場上，準備舉行遊行，一直走到當時英國的核武研究機構所在地奧爾德馬斯頓 (Aldermaston) 鎮。

Q46 為什麼人口渴時不能直接飲用海水解渴？

❶ 水中含有許多有毒物質
❷ 腥味加上鹽分容易反胃
❸ 細胞水分滲透出，使細胞萎縮
❹ 細胞水分過多，使細胞脹破

❸ 細胞水分滲透出，使細胞萎縮

海水鹽分很高，含有很多礦物質，喝海水會使身體裡血液中礦物質濃度增大。人體為了保持體液的正常成分，就需要把過多的鹽分和礦物質從尿裡排泄掉。這樣的排泄過程，加重了腎臟的負擔，而且必然要同時排出相應數量的水分。其結果不但要把飲入海水中的水分全部排泄掉，還要將人體內原來的一部分水一起排出去才夠，造成人體嚴重脫水而使生命垂危。

⊗ 選擇題

Q47 螢幕色彩是由哪三種顏色混合而成的色彩效果？

❶ 紅、藍、黃
❷ 紅、綠、黃
❸ 紅、藍、綠
❹ 黃、綠、藍

❸ 紅、藍、綠

螢幕色彩使用的原理是光的三原色，指的是紅、綠、藍三色。
白光通過棱鏡後被分解成多種顏色逐漸過渡的色譜，顏色依次
為紅、橙、黃、綠、青、藍、紫，這就是可見光譜。
其中人眼對紅、綠、藍最為敏感，大多數的顏色可以通過紅、
綠、藍三色按照不同的比例合成產生。同樣絕大多數單色光也
可以分解成紅、綠、藍三種色光。這是色度學的基本原理，即
三基色原理。

⊗ 選擇題

Q48 製酒過程中使用「蒸餾法」可以提高酒精的純度，根據《世界經理人》評選出全球最烈的酒，酒精濃度高達 96%。
問：下列何者是《世界經理人》評選出全球最烈的酒？

❶ 金門高粱
❷ 波蘭伏特加
❸ 蘇格蘭威士忌
❹ 牙買加朗姆酒

❷ 波蘭伏特加

金門高粱一般而言分成 28%、38% 和 58%；蘇格蘭威士忌 92%；牙買加朗姆酒 80%。世界上已知最高度數的酒是 96 度的伏特加 Spirytus，全名叫 Spirytus Rektyfikowany Rectified Spirit，中文翻譯是生命之水精餾伏特加酒。「Spirytus」其實不是一個品牌，而是波蘭語，通指 96 度的伏特加。Spirytus 這類酒採用獨特的蒸餾技術，返回蒸餾 70 次以上才能達到這個度數，不僅能喝，在緊急的時候還可以直接用來消毒。

⊗ 選擇題

Q49 現在人注重養生，有機、無毒概念也越來越熱門。
問：世界上農藥量使用最多的植物為下列何者？

❶ 玉米
❷ 大豆
❸ 棉花
❹ 玫瑰

❸ 棉花

棉花是很重要的經濟作物，上好的棉花在種植過程，不可有任何的感染或病蟲害，否則花朵會有瑕疵，蘋果裂開後迸出的纖維也不夠白皙。為採收到好品質的纖維，農民會使用大量的殺蟲劑來保護它，加上根本不會有人食用棉花，所以用起農藥更肆無忌憚。根據世界衛生組織 WHO 統計，在栽種棉花的第三世界國家，每年有二萬人死於農藥中毒。

⊗ 選擇題

$Q50$ 現代人不論男女都有掉髮的困擾，除了生活壓力大會掉髮，在夏天也有許多原因會造成掉髮。
問：下列哪項不是造成夏天掉髮的主因之一？

❶ 常食用冷飲
❷ 頭皮常曝曬太陽下
❸ 頻繁用洗髮精
❹ 頭皮塗抹防曬產品

❹ 頭皮塗抹防曬產品

夏日氣候炎熱，出汗多，髮根的細菌比較多，常洗頭，許多洗髮精對髮根毛囊有較大的刺激，也是一種傷害；況且夏日暑濕盛行，體內濕熱較重，濕熱熏蒸阻塞毛囊，更是掉髮的一大誘因。夏日常口渴、吃冰淇淋、冷飲等，但夏天毛孔要大量排汗，常吃冷飲，毛囊會因寒刺激而收縮，也是間接導致掉髮的原因。夏日炙烈的陽光照射頭部，熱輻射對毛囊頭皮也是一大傷害，導致頭髮脫落，因此減少日曬，甚至可塗抹防曬產品，減少日照傷害。

⊗ 選擇題

Q51 台北市立動物園的貓熊團團、圓圓經過 3 年多的努力，終於在 2013 年 7 月生下小貓熊「圓仔」，當初因為團團腿力不足造成自然交配困難，後來動物園使用一種方式使團團圓圓能夠順利生產。
問：動物園使用什麼方式使團團圓圓順利生產出小貓熊？

❶ 工作人員現場輔助
❷ 訂做輔助座椅
❸ 使用電擊器取精
❹ 在飼料加入使腿力增強的藥

❸ 使用電擊器取精

台北市立動物園以電擊方式取得團團精液，再注入圓圓體內，才終於成功生下圓仔。動物園秘書張志華說，當時借助超音波定位，將電擊器從團團肛門進入，沿著直腸往內伸 16.5 公分，再以 5、6 伏特的電力持續電擊約 15 分鐘後取得 1.4 毫升的精液。張志華說，利用電擊刺激動物的前列腺及精囊，讓麻醉中的動物射精的技術對動物園並不陌生，過去也對黑熊、狒狒與台灣彌猴等多種動物做過，只是貓熊是全球矚目的物種，才會這麼受到重視。

⊗ 選擇題

Q52 問：哪個國家履歷表上不流行貼照片？

❶ 美國
❷ 印度
❸ 日本
❹ 泰國

❶ 美國

在美國的履歷不需附上照片，要是公司要求應徵者貼上照片，就是違法行為，美國規定錄用員工，不能因為對方的國籍、人種、膚色、宗教、性別、年齡、身體障礙等，就分別對待。要是履歷表貼了照片，從照片上就能看出長相、膚色、性別，甚至看出人種和年齡，這樣的話，公司就可能在面試之前內定人選，這樣無疑對別的應徵者不公平。在美國填履歷表，別說照片，性別和年齡都不用寫。

□ 圖片題

Q53 外出旅遊到不少景點都要買票才能進
入，但美國的波浪谷就算你有錢也不一
定能進去，波浪谷位於亞利桑那州和猶
他州交界，這裡不是世界自然遺產，也
不是國家公園，只是美國眾多自然保護
區中的一個。
問：下列何者為波浪谷形成的原因？

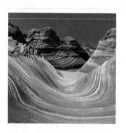

❶ 雨水侵蝕
❷ 海水沖積
❸ 冰積作用
❹ 磨蝕作用

❶ 雨水侵蝕

波浪谷岩石的複雜層面，是由侏羅紀時代就開始沉積的巨大沙
丘組成，沙丘不斷地被一層層浸漬了地下水的紅沙所覆蓋，水
中的礦物質把沙凝結成了砂岩，形成層疊狀的結構。後來，隨
著科羅拉多平原的上升，加上漫長的雨水傾蝕和風蝕，峽谷裡
砂岩的層次逐漸清晰地呈現出來，創造出一種令人目眩的立體
效果。

快問　ROUND 3　快答

Q54 「wedding shower」一詞，是指？

❶ 婚前洗禮　❷ 單身派對　❸ 洞房招式　❹ 洗鴛鴦浴

② 美國男生結婚前有 bachelor party，而告別單身女子的派對就叫 wedding shower。

Q55 夏天是茶飲旺季，研究證實喝綠茶可以防癌，抗氧化，預防心血管疾病。問：綠茶是那種發酵程度的茶？

❶ 未發酵　❷ 全發酵　❸ 部分發酵　❹ 後發酵

① 紅茶全發酵；烏龍茶部分發酵；普洱茶後發酵。

Q56 平常我們所吃的海膽，是吃牠的什麼部位？

❶ 膽囊　❷ 生殖腺　❸ 心臟　❹ 肺泡

② 海膽生殖腺是一個特殊的器官，也是海膽唯一可供食用的部位。

Q57 自殺犯了哪一項公訴罪？

❶ 教唆殺人罪　❷ 蓄意殺人罪　❸ 教唆自殺罪

❹ 沒有犯罪，但有道德責任

④ 如果是幫助與教唆他人自殺，才構成犯罪，自殺本身並不構成犯罪。但是自殺會造成親友難以平復的心理創傷，愛惜自己的生命才是唯一的解決辦法。

Q58 「琵琶」中的「琵」和「琶」最初指的是？

❶ 兩種彈奏方法　❷ 兩種樂器　❸ 兩位樂師　❹ 兩種植物

① 琵和琶原是兩種彈奏手法的名稱，琵是右手向前彈，琶是右手向後彈。

Geography & Physics
Part II

☑ 地理與科學

📖 闖主題

Q1 近年來，大家喜愛至 101 觀看煙火跨年，
感受絢爛璀璨的聲光震撼。
問：關於觀看煙火的視覺原理，最主要是
利用下列何者？

❶ 屬於負片後像
❷ 與視覺疲勞有關
❸ 與卡通的呈現原理一樣
❹ 所看見的煙火顏色呈現互補色

自然科學／田園老師

❸ 與卡通的呈現原理一樣

這兩者都是依靠視覺暫留的現象來呈現。當我們注視某物體一段時間後，再將視線移開，在短時間內仍可看到該物體的形像，這種影像稱為後像。後像是一種是視覺暫留的現象，分為兩種：如果影像的顏色與原物相同，這種影像稱為正片後像；如果顏色與原物不同，則稱為負片後像，產生負片後像的原因除了視覺暫留的作用外，還與視覺疲勞有關。

視覺暫留就是客觀事物對眼睛的刺激停止後，它的影像還會在眼睛的視網膜上存在一剎那，有一定的滯留性。視覺暫留是人類眼睛的一種生理機能。如晚上看著燈光，當關了燈後，在黑暗中，眼中還有個亮點；用一個鎳幣在桌上旋轉，看到的不再是薄片，而是灰白色的球體；用鏈條拴個燃燒的火球轉圈，看到的不是一個火球，而是一個火的圓環。如駿馬奔騰，戀人追逐，風吹草伏，水流浪卷，都是靜止圖像造成的動的幻覺，其根源都在於視覺暫留。其他如下雨時看雨滴成線、玩仙女棒或香、看電影及卡通、走馬燈、看煙火等等也都是。

而電視機、日光燈的燈光實際上都是閃動的，因為它閃動的頻率很高，大約 100 次／秒上，由於正片後像作用，我們的眼睛並沒有觀察到。電影技術也是利用這個原理發明的，在電影膠捲上，當一連串個別動作以 16 圖形／秒以上的速度移動時，人們在銀幕上感覺到的是連續動作。現代動畫片製作根據以上原理，把動作分解繪製成各別動作，再把各別動作連起來放映，即復原成連續的動作。

⊗ 選擇題

Q2 為什麼鳥飛不到國際線飛機所飛行的高度？

❶ 空氣稀薄
❷ 氣溫太低
❸ 陽光太強
❹ 對流太強

❶ 空氣稀薄

越高空氣越稀薄，需要越高的肺活量，目前尚無鳥類能克服空氣稀薄，飛到國際國際線飛機所飛行的高度；國際線飛機飛行高度約 4 萬英尺（12000 公尺），國內航線飛機飛行高度約 1 萬 5 千英尺（4500 公尺）。

據悉，全球飛行高度最高鳥類是斑頭雁，記錄顯示牠們曾飛越海拔達 8481 公尺的世界第 5 高峰馬卡魯峰。

⊗ 選擇題

Q3 便利商店常在天花板角落設置反射鏡，用以擴大店員的視野，防止竊盜事件的發生。問：這種反射鏡屬於下列何種鏡片？

❶ 平面鏡
❷ 凸面鏡
❸ 凹面鏡
❹ 凹透鏡

❷ 凸面鏡

便利商店的防盜反射鏡，其實跟汽車的後照鏡一樣，是屬於凸面鏡的一種應用，而物體如果在凸面鏡前成像，我們可以看到縮小而正立的虛像；由於我們所看到的物體成像較小，會因視覺上的判斷，而以為物體實際上距離我們比較遠（因為遠方的物體看起來總是比較小，距離較近的物體看起來總是比較大），但是實際上物體大小沒有改變；而防盜反射鏡及汽車後照鏡如此設計，就是為了使觀看者有更廣闊的視野，以注意到更寬廣的視線範圍。

□ 圖片題

$Q4$ 在分層設色圖中綠色代表什麼地形？

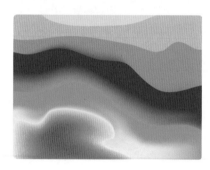

❶ 平原
❷ 高原
❸ 盆地
❹ 海洋

❶ 平原

分層設色通用的顏色順序是：海洋用藍色，平原用綠色，低山丘陵用黃色，高山用棕褐色。綠色越濃，表示地勢越低；棕褐色越深，表示地勢越高；雪線以上的地區通常用白色表示。等深線則以深淺不同的藍色，表示海底不同的深度。

⊗ 選擇題

Q5 高爾夫球球面上有 336 個小凹洞，這些凹洞的作用是？

❶ 使球飛得更遠
❷ 增加抓地力
❸ 美觀
❹ 減少落地時的滾動

❶ 使球飛得更遠

高爾夫球球面上的小凹洞可以減少空氣的阻力並增加升力，讓高爾夫球飛得更遠。一顆表面平滑的高爾夫球，經職業選手擊出後，飛行距離大約只達到表面有凹洞的球的一半。

⊗ 選擇題

Q6 以下哪一種纖維的強度最強？

❶ 聚酯纖維
❷ 蠶絲
❸ 蜘蛛絲
❹ 鋼絲

❸ 蜘蛛絲

蜘蛛絲以其強韌的物理性質聞名。蜘蛛絲的強度（單位截面積下的張力）比高品質的鋼還大，且和許多人造之芳香族聚醯胺纖維之強度不相上下，如特威隆纖維或克維拉纖維等。更重要的是，蜘蛛絲的質量極小；環繞地球一圈長度的蜘蛛絲之質量仍不達 500 公克。

⊗ 選擇題

$Q7$ 動物排泄的糞便，一般都認為只能當作肥料。中醫專家指出，有些動物糞便卻是療效極佳的中藥。

問：下列哪種動物的糞便經炮製成中藥後，可拿來減緩女性經痛？

❶ 兔子
❷ 蠶寶寶
❸ 蝙蝠
❹ 鼯鼠

❹ 鼯鼠

鼯鼠科動物的乾燥糞便，是一種常用的活血祛瘀藥，在中藥中稱為「五靈脂」，「靈脂」與「凝脂」二字諧音。李時珍解釋：「其糞名五靈脂者，謂狀如凝脂而受五行之氣也」。據藥理學測定，五靈脂含尿素，尿酸，維生素 A 類物質及多量樹脂，臨床上常分生用和炒用。生用可活血止痛，治療心腹血氣、婦女閉經、產後瘀血作痛。

⊗ 選擇題

Q8 為什麼颱風眼裡平靜無風？

❶ 各種風向抵銷
❷ 離心力造成
❸ 風眼裡空氣上升
❹ 風眼處氣壓最高

❷ 離心力造成

颱風的中心大約直徑 10 公里的圓面積內，也就是我們所說的「颱風眼」部分，外圍空氣旋轉得太厲害，因為離心力的慣性，導致外面的空氣不易進到裡面，所以，就好像一根孤立的空心柱，裡面不流動、不旋轉，也就沒有風了。颱眼裡空氣下沉，是各種風暴內氣壓最低的地區，其中又以海平面處之氣壓最低。

⊗ 選擇題

Q9 為什麼海水是鹹的？

❶ 雨中含有大量的鈉成分
❷ 海中微生物分泌鈉與鉀
❸ 岩石和土壤中的鹽類物質流入大海
❹ 海中生物死後分解成分

❸ 岩石和土壤中的鹽類物質流入大海

因為海水中有鹽的成分，所以海水是鹹的。這些鹽是雨水溶解陸地上岩石裡的鹽，流到河裡，最後全累積在海裡，經年累月之後，海水就變成鹹的。另外，大氣中的微塵、或火山所噴發出的物質落入海水中，也會成為海鹽的來源之一。也有一種說法是：在開始形成熱地球的周圍，混雜著從地球底層噴出的水蒸氣，其中含有鹽酸的成分，當地球冷卻後就形成鹽酸海；鹽酸海從周圍的岩石中溶解了鉀和鈉，於是就出現了含有鉀和鈉這兩種成分的鹽了。

Q10 夏天時紫外線經常過量，黑色衣服較吸熱，穿起來比較熱。

問：出門在外，穿哪一種色系衣服可使人體接觸紫外線較少？

❶ 黑色
❷ 灰色
❸ 白色
❹ 藍色

❶ 黑色

紫外線（Ultraviolet）的名稱是因為在光譜中電磁波頻率比肉眼可見的紫色還要高而得名。雖然人眼看不見紫外線，但紫外線卻會造成曬傷的影響。紫外線還有其他的效應，對人類的健康既有益處也有害處。研究顯示，使用相同布料，衣物纖維若是深藍、紅色等較深、較濃色彩，比較能吸收紫外線光，阻擋紫外線傷害。黑色吸收熱能的同時也吸收光能，而白色衣服會造成紫外線的折射，造成人體二次受紫外線照射。所以穿黑色反而可以減少紫外線照射。

⊗ 選擇題

Q11 太陽系中，最大的行星是？

❶ 天王星
❷ 土星
❸ 木星
❹ 地球

❸ 木星

木星是太陽系八大行星中第五顆星，距離太陽大約為 7.8 億公里。假設木星是個中空的球體，那麼內部大約可以放入 1300 個地球。不過木星的密度較地球低，它的質量僅僅為地球的 317 倍。另外，太陽系的行星大小依序排列為：木星 > 土星 > 天王星 > 海王星 > 地球 > 金星 > 火星 > 水星。

⊗ 選擇題

Q12 以下哪一座「海」，與真正海洋有連接？

❶ 裏海
❷ 死海
❸ 黑海
❹ 青海

❸ 黑海

黑海是歐亞大陸的一個內海，流入黑海主要河流有多瑙河，面積有約 42.4 萬平方公里大。黑海透過博斯普魯斯海峽與達達尼爾海峽與地中海相連接。裏海位於亞洲與歐洲交界，是世界上最大的湖泊以及內陸海。死海是世界上最低的湖泊。

快問　ROUND 1　快答

Q13 電阻值的計量單位「歐姆」是下列哪一個記號？

❶ Σ　❷ Ω　❸ Ö　❹ θ

② Σ 是數學上的總和符號。Ö 是拉丁字母，也可代表含母音
變化的字母 O，或含分音符的字母 O。θ 是數學上常代表
平面的角，也是國際音標中的清齒擦音。

Q14 人的基因分成顯性基因和隱性基因。問：下列哪項特徵屬於顯性性狀？

❶ 有美人尖　❷ 單眼皮　❸ 耳垂緊貼臉頰　❹ 拇指豎起時彎曲

① 其他三者為隱性性狀。

Q15 一個時區的經度有 15 度，全球依經度可以分為幾個時區？

❶ 12 個　❷ 24 個　❸ 36 個　❹ 48 個

② 24 個

Q16 下列何者不是來自於北極圈？

❶ 聖誕老公公　❷ 愛斯基摩人　❸ 企鵝　❹ 北極熊

③ 企鵝生長在南極。

Q17 洗手台下的排水管彎曲，有何作用？

❶ 省水　❷ 防臭　❸ 支撐　❹ 美觀

② 在彎曲處會儲存水分稱之為存水彎頭，避免下水道的臭味及
蚊蟲從排水管爬上來。

⊗ 選擇題

Q18 美國奧克拉荷馬州曾出現過龍捲風。
問：龍捲風形成的主要原因是？

❶ 囚錮鋒影響
❷ 溫度差
❸ 閃電中的正負電荷影響
❹ 空間中的真空狀態

❷ 溫度差

龍捲風為冷空氣穿過熱空氣時，強烈的溫度差使得暖空氣急速
上升，最終形成。古人不了解形成的由來，認為蒼天中的巨龍
發威捲走萬物，便把這種天象稱為龍捲風。

⊗ 選擇題

Q19 雞蛋放進微波爐加熱會爆炸，其原因何者正確？

❶ 蛋黃先熟膨脹
❷ 由內往外加熱
❸ 水分含量多
❹ 氣室爆炸

---

❸ 水分含量多

微波時，微波穿越蛋殼，蛋白先吸收能量，蛋黃最後才吸收能量。所以是由外往內加熱，蛋白會先熟。生蛋水分含量比較多，當微波加熱的時候，水變成水蒸氣，體積膨脹了 1600 倍，即使殼上開了小洞仍然會爆炸。同時水煮蛋裡仍有水分，所以也會爆炸。

⊗ 選擇題

Q20 若月球發生大爆炸，地球上的人為何無法聽到聲音？

❶ 距離太遠聽不見
❷ 聲音頻率超過人耳範圍
❸ 宇宙中沒有氣體
❹ 以上皆是

❸ 宇宙中沒有氣體

聲音需要有介質傳遞，宇宙中沒有氣體，無法傳聲。

聲音的產生，是因為物體振動的關係，物體振動會產生一種波，我們把它叫做「聲波」。聲波具有能量，可以藉由空氣或其他物質向外傳送出去。像空氣這種可以傳遞聲波的物質，我們把它們叫做「介質」。聲波一定要有介質才能傳遞出去，而宇宙中沒有氣體，所以無法傳聲。

⊗ 選擇題

Q21 要調出一杯層次分明的酒，最上層的酒會是什麼原因漂浮在上？

❶ 含糖量低、酒精濃度高
❷ 含糖量低、酒精濃度低
❸ 含糖量高、酒精濃度高
❹ 含糖量高、酒精濃度低

❶ 含糖量低、酒精濃度高

含糖量越高密度就越高，越下層代表含糖量越高。所以飄浮在上面的應該是含糖量較低的。純酒精的密度都小於水，加入水會使溶液的密度變大，而加水濃度就會變小，溶液越稀、密度就越大。所以酒精濃度越高，含水量越少，密度就越小，也就能漂浮在酒的最上層。

⊡ 圖片題

Q22 此圖我們常稱它為微笑的月亮，是因看起來像一張笑臉對著你微笑。
問：微笑月亮是哪兩顆星代表它的眼睛？

❶ 水星、火星
❷ 金星、木星
❸ 土星、冥王星
❹ 天王星、海王星

❷ 金星、木星

木星和月亮的赤經經度相同時，就被稱作為「木星合月」（雙星拱月）。而這次的奇景是木星、金星伴隨著眉月，形成笑臉的圖案。中央氣象局天文站主任林淑卿說：「眉月這幾天會伴隨著二顆很亮的星星，尤其是金星特別亮，二顆星星伴隨著月亮，形成雙星拱月。」

⊗ 選擇題

Q23 著名的科學家孟德爾因研究豌豆的奇特現象，而推導出下列哪一種理論？

❶ 天擇說
❷ 遺傳法則
❸ 細胞學說
❹ 體細胞突變理論

❷ 遺傳法則
孟德爾將豌豆高矮莖種皮，有無皺紋等多項特徵的種子分別雜交，而推導出遺傳法則。包含顯隱性法則、分離律、以及自由配合律，為後世的遺傳研究奠定基礎，死後被尊稱為「遺傳學之父」。

Q24 以下哪一個星體沒有火山的地質現象？

❶ 月球
❷ 金星
❸ 火星
❹ 木星

❹ 木星

我們的太陽系有 4 個氣體巨行星（又稱類木行星）：木星、土星、天王星與海王星。近年來，天文學家們亦在太陽系外發現許多環繞其他恆星的氣體巨行星。氣體巨行星即不以固體物質為主要組成的行星。木星的高層大氣是由體積或氣體分子百分率約 88 ～ 92% 的氫和約 8 ～ 12% 的氦所組成。所以不會有火山。

⊗ 選擇題

Q25 小時候對於彈珠汽水感到新奇，「啵」的一聲，就可以將汽水打開。
問：彈珠汽水使用彈珠的原理是？

❶ 彈珠大小與瓶口一樣大
❷ 二氧化碳頂住彈珠讓氣體不會跑掉
❸ 汽水的容量剛好可以使彈珠塞住瓶口
❹ 彈珠環保可重複使用

❷ 二氧化碳頂住彈珠讓氣體不會跑掉

汽水之所以稱為汽水就是含二氧化碳這個氣體。市售汽水是利用高壓將二氧化碳溶於水中，而彈珠汽水則是利用二氧化碳將彈珠擠到瓶口。彈珠汽水的瓶身為玻璃所製，上段約 2/5 是瓶頸，瓶口有一圈塑膠環，用來卡住玻璃珠。瓶頸兩側內凹，彈珠落下時會在上半部滾來滾去，而不會掉進下半部。

⊗ 選擇題

Q26 保鮮膜無法黏住金屬容器，是什麼原理？

❶ 金屬較光滑
❷ 金屬導電快
❸ 金屬較冰冷
❹ 金屬硬度較硬

❷ 金屬導電快

保鮮膜可以黏住容器表面，是因為保鮮膜內側帶有電荷。金屬是導體，所以保鮮膜產生的電荷會迅速流失，無法產生靜電作用。

Q

⊗ 選擇題

Q27 將熱水倒入玻璃杯中的時候，是薄的杯子比較容易破，還是厚的杯子比較容易破？

❶ 薄的
❷ 厚的
❸ 都容易破

❷ 厚的

厚的容易破，因為玻璃杯在倒熱水的時候，由於熱脹冷縮造成內外壁溫度差太大，內壁變大，而外壁基本不變，所以很容易被撐破。而越薄的杯子，在倒入滾燙熱水時，由於導熱快，內外壁溫差小，內外壁變形差距也小，也就不容易破。

Q28 世界最長的地名：塔烏瑪塔法卡塔尼哈娜可阿烏阿烏歐塔瑪提亞坡凱費努啊奇塔娜塔胡，問：真的有這個地名嗎？

❶ 有，位於紐西蘭
❷ 有，位於伊朗
❸ 沒有，這是小說裡的國度
❹ 有，位於巴爾幹半島

❶ 有，位於紐西蘭

Taumatawhakatangihangakoauauotamateaturipukakapikimaungahoron ukupokaiwhenuakitanatahu 簡稱塔烏瑪塔（毛利語），是紐西蘭一座小山，坐落於豪克斯灣地區南部，這個地名是全世界最長地名（全長 85 個字母）。

⊗ 選擇題

Q29 火焰一般可分為三層，其中溫度最高的是？

❶ 外焰
❷ 內焰
❸ 焰心
❹ 溫度相同

❶ 外焰

火焰一般可分為三層：內層稱內焰，帶藍色，因為供氧不足，燃燒不完全，具有還原作用，所以也稱「還原焰」；中層明亮，溫度比內層高；外層稱外焰，為無色火焰，因為供氧充足，燃燒完全，溫度最高，具有氧化作用，所以又稱「氧化焰」。

⊗ 選擇題

Q30 我們知道：°F =°C ×1.8+32
一般在亞洲地區習慣使用攝氏單位，而
歐美國家則習慣使用華氏單位。
問：攝氏 50° 等於華氏幾度？

❶ 64
❷ 100
❸ 122
❹ 144

❸ 122
50° ×1.8+32=122

⊗ 選擇題

Q31 全球暖化日益嚴重，我們每天都在排放造成溫室效應的氣體。
問：哪一種氣體的排放對大氣傷害較大？

❶ 牛放屁
❷ 汽車排氣
❸ 人的呼吸

❶ 牛放屁

聯合國糧農組織發表的報告指出，全球 10.5 億頭牛排放的二氧化碳佔全球溫室氣體總排放量的 18%。不但比其他家畜動物高出許多，甚至超越了人類交通工具，如汽車、飛機等的二氧化碳排放量。牛群的屁和其他排泄物會產出 100 多種污染氣體，其中氨的排放量就佔全球總量的 2/3。

⊗ 選擇題

Q32 如果太陽突然消失，那麼地球將會如何運動？

❶ 停在原處但仍會自轉
❷ 繼續公轉和自轉
❸ 做直線運動和自轉
❹ 不規則旋轉

❸ 做直線運動和自轉

地球是受到太陽的萬有引力影響，所以繞著橢圓軌道公轉，如果引力的來源突然消失，地球將會沿軌道的切線方向飛出（就像把溜溜球拿來甩，使它做圓周運動，再突然把線剪斷一樣）。

⊗ 選擇題

Q33 下列哪一個選項不是爆玉米花會「爆」 的因素之一？

❶ 含有澱粉
❷ 堅硬而不透氣的殼
❸ 含有空氣
❹ 含有水分

❸ 含有空氣

爆米花原本是乾燥的玉米粒，在受熱的狀況下裡面的水分會慢慢變成蒸氣，而堅硬的殼會把水氣鎖住並製造出一個像壓力鍋的環境，此時澱粉會被這個小小壓力鍋煮成像膠狀物的樣子，直到撐破這層硬殼，一顆顆白色爆米花就是這樣來的。

⊗ 選擇題

Q34 世界上第一高峰喜馬拉雅山是由哪兩塊板塊聚合產生而形成？

❶ 歐亞板塊與印澳板塊
❷ 歐亞板塊和菲律賓板塊
❸ 太平洋板塊和印澳板塊
❹ 太平洋板塊和菲律賓板塊

❶ 歐亞板塊與印澳板塊

板塊之間的相互碰撞、錯動、拱抬與張裂，形成了地球上各式各樣的山脈、峽谷、斷層和海溝。雄居世界之顛的喜馬拉雅山，便是印澳板塊向歐亞板塊衝撞擠壓後隆起的巨大褶曲山脈。

⊗ 選擇題

Q35 以下哪隻筆在太空中可以寫出字呢？

① 鉛筆
② 原子筆
③ 彩色筆
④ 鋼筆

① 鉛筆

鋼筆與原子筆都須透過大氣壓力把墨水壓出來才能書寫，但太空中沒有大氣也就沒有壓力，在太空中失重，油墨無法得到一個向下的力，也就不能寫字。所以早期的太空人都使用鉛筆來記錄。

⊗ 選擇題

Q36 待在室內不代表不會曬嘿，哪一種燈也會讓人曬黑？

❶ 日光燈
❷ 鎢絲燈
❸ 鹵素燈
❹ 霓虹燈

❸ 鹵素燈

不只陽光有紫外線，過去一項針對日光燈、鎢絲燈、鹵素燈的測試，發現鹵素燈會釋出全波長紫外線，以距離 50 公分為例，如果一週 5 個工作天連續照射 4 小時以上，會達到 1/3 的皮膚致紅腫，已經是輕度曬傷的程度。

快問　ROUND 2　快答

Q37 下列哪一個地方看不到極光？

❶ 芬蘭　❷ 南極　❸ 瑞士　❹ 加拿大

③ 極光出現於星球的高緯地區上空，是一種絢麗多彩的發光現
象，只有在極北或極南地域才可看到，地處溫帶的瑞士不易
看到此種自然現象。

Q38 世界上最大的撒哈拉沙漠不包含下列哪個國家？

❶ 阿爾及利亞　❷ 肯亞　❸ 利比亞

② 撒哈拉沙漠位於非洲北部，肯亞位於非洲東部，並沒有位
於撒哈拉沙漠之內。

Q39 下列關於恆星的敘述何者正確？

❶ 都會自行發光　❷ 都繞著太陽運轉　❸ 到地球的距離都一樣

❹ 都在銀河系內

① 2- 太陽本身也是恆星，不是所有恆星都繞著太陽轉。

3- 恆星在宇宙中距離皆有不同距離地球自然有明顯差異。

4- 宇宙中不只銀河系星系。

Q40 下列現象，何者不適用來測量時間？

❶ 節拍器　❷ 單擺擺動　❸ 水的蒸發　❹ 沙的滴漏

③ 水的蒸發和表面積、濕度、壓力以及溫度有關，在生活上難
以控制的變因多，所以水的蒸發不適合作時間測量的工具。

Q41 如果在野外迷路，只要找到北極星，就可以找到方
向。哪個東南亞的城市看不到北極星？

❶ 曼谷　❷ 雅加達　❸ 馬尼拉　❹ 金邊

② 北極星只有在北半球可以看到，因為印尼首都雅加達位在南
半球，所以看不到北極星。

⊗ 選擇題

Q42 餅乾過了一夜會軟掉，法國麵包則會變硬，請問差別在於餅乾所含的什麼成分比法國麵包高？

❶ 鹽分
❷ 麵粉
❸ 油脂
❹ 蛋清

❶ 鹽分

餅乾所含的糖分與鹽分遠高於法國麵包，而分散均勻的糖和鹽具有吸濕力，會從空氣中吸取水分，也就是說，餅乾裡的滲透壓相當高。餅乾的質地很緻密，有助於透過毛細作用將水分鎖住。而法國麵包裡幾乎沒什麼糖和鹽，結構也非常空洞，而周遭是否有水氣存在，對麵粉而言並無差別。因此，由於兩者的成分差異，造成餅乾會吸水，法國麵包不會。

⊗ 選擇題

Q43 當你在游泳池裡游泳，突然感到眼睛刺痛，可能的原因是？

❶ 細菌感染
❷ 氯含量過濃
❸ 水壓過大
❹ 有人偷尿尿

❹ **有人偷尿尿**
游泳池中的漂白水遇到阿摩尼亞後，雖不會產生氯，但仍會混合成另一種危險物質——氯胺，由於我們的汗和尿液裡都有阿摩尼亞，它一碰到氯就會形成氯胺，它是一種毒性很強的物質，雖然氯胺沒有氯那麼危險，但還是有害物質。它的煙會讓你流淚、眼睛刺痛、流鼻水、喉嚨痛、咳嗽、呼吸急促甚至呼吸困難。

⊗ 選擇題

Q44 正常視力的人在水中觀看物體會有下列哪種現象？

❶ 近視
❷ 遠視
❸ 視力沒有變化
❹ 雙眼視差變大

❷ 遠視

光從一種介質斜向進入另一種不同的介質時，前進方向會改變，這種現象稱為光的折射，因光在不同介質中的速率不同，以致進行方向發生改變。由於水和角膜之間的光學差異很小，光的折射要比在空氣中弱（水的折射率是 1.33，空氣的折射率是 1.00），但人眼的晶狀體的平均折射率只有 1.43，和水非常接近，所以光線角度的改變就會非常小。本來要「聚攏」光線用的眼球，在水下則會「聚不攏」光線，清晰的映射會落在視網的「後面」，就成了「遠視」狀態。

⊗ 選擇題

$Q45$ 侏儸紀公園 3D 重現經典電影侏羅紀公園。問：我們雙眼能看見立體影像是因為？

❶ 視覺暫留
❷ 視差
❸ 視覺缺陷
❹ 視覺交錯

❷ 視差

我們之所以能感受到立體視覺，是因為人類的雙眼是橫向並排，之間大約有 6 ～ 7 公分的間隔，因此左眼所看到的影像與右眼所看到的影像會有些微的差異，稱為「視差（Parallax）」，大腦會解讀雙眼的視差並藉以判斷物體遠近並產生立體視覺。

⊗ 選擇題

Q46 眾多球類運動當中，飛行瞬間速度最快的球類運動是什麼？

❶ 高爾夫球
❷ 網球
❸ 排球
❹ 羽球

---

❹ 羽球

羽　　球：目前羽球的最快球速紀錄為馬來西亞羽球雙打選手陳文宏在 2013 年的測試會中，創造出破世界紀錄的 493km/h 球速。

網　　球：澳洲球手哥夫於 2012 年 5 月 12 日南韓網賽挑戰賽次圈賽事，刷新網球發球球速世界紀錄，與白俄羅斯球手恩拿迪斯對壘時，開出時速 263km/h 球速。

高爾夫球：高爾夫球被桿子敲出去時的瞬間球速在 250 公里左右；老虎伍茲揮桿的速度則有 201 公里。

排　　球：目前排球最快的扣球速是 132km/h，由保加利亞的 Matey Kaziyski 球員所締造。

⊡ 圖片題

Q47 氣象報導中常出現的這個符號，是指何種鋒面？

1. 冷峰
2. 暖鋒
3. 滯留鋒
4. 囚錮鋒

❸ 滯留鋒

1 冷峰 2 暖鋒 3 滯留鋒 4 囚錮鋒
冷鋒指冷氣團向暖氣團推進，並取代
暖氣團原有位置所形成的現象。由於
冷氣團的密度大，暖氣團的密度小，
所以冷暖氣團相遇時，冷氣團下沉，
暖氣團被迫抬升，形成降水天氣；暖鋒則反之。

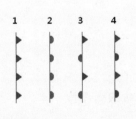

滯留鋒是指冷暖氣團實力相當，僵持不下所形成的自然現象，
經常帶來較長時間的不穩定天氣。囚錮鋒則是因為冷氣團移動
較快，暖氣團移動較慢，於是在一個溫帶氣旋中，冷鋒追趕上
暖鋒，最後冷鋒與暖鋒相疊，地面全部被冷空氣佔據，暖空氣
被迫舉升至高空中之天氣現象。

⊗ 選擇題

Q48 小時候很愛吹泡泡,是大家的兒時記憶。 問:泡泡為什麼是圓形的?

❶ 離心力
❷ 萬有引力
❸ 表面張力
❹ 作用力

❸ 表面張力

原因在於一種叫表面張力(surface tension)的作用力,液體表面都有一種收縮的力量,使得表面的面積縮到最小,而在眾多的形狀中,球體的表面面積最小,水分子能以最緊密的方式排列,用最小表面積(阻力最小)才能產生最大體積,而球形具有這種性質。

⊗ 選擇題

Q49 在高山上，海拔高度每上升 **1000** 公尺，
溫度就會下降 **6.5** 度。
問：為什麼高山距離太陽越近，溫度卻
越低？

❶ 空氣稀薄
❷ 對流較少
❸ 風比較大
❹ 地面反射陽光少

❶ 空氣稀薄

海拔較高的地方，空氣也較稀薄，空氣氣壓小，水氣和灰塵也
比較少，雖然太陽可以大量輻射，但是散失得快，吸入的熱量
總比散失的熱量多，空氣中的熱度也就因此被分散了，這也就
是氣溫下降的原因。

⊗ 選擇題

Q50 火災可分為一般可燃固體類、可燃性液體類、電器類、可燃性金屬類等四類火災。問：以下哪一種滅火器四類火災皆可適用？

❶ 泡沫滅火器
❷ 二氧化碳滅火器
❸ 海龍滅火器
❹ 乾粉滅火器

❹ 乾粉滅火器

A 類（可燃固體類）：如木材、紙張、紡織品、橡膠、塑膠等引起之火災。B 類（可燃性液體類）：如汽油、溶劑、燃料油、酒精、油脂類，可燃性氣體如液化石油氣、溶解乙炔氣等所引起之火災。C 類（電器類火災，不可用泡沫滅火器）電氣設備所引起之火災，必須使用不導電之滅火藥劑以撲滅者，電源切斷後視同類火災處理。D 類（可燃性金屬類）：如鉀、鈉、鈦、鎂、鋯、銻等所引起之火災則必須使用特種化學乾粉撲滅者。泡沫滅火器適用 A、B 類火災，二氧化碳滅火器和海龍滅火器適用 B、C 類火災，乾粉滅火器 A~D 類火災均適用。

⊗ 選擇題

Q51 海平面上升使得馬爾地夫等許多國家會消失。
問：以下哪一個地方會因為海平面上升而消失？

① 巴西／亞馬遜雨林
② 義大利／威尼斯
③ 西伯利亞／貝加爾湖
④ 美國／芝加哥

② 義大利／威尼斯

巴西／亞馬遜雨林是熱帶雨林消失，西伯利亞／貝加爾湖是因為生態受到破壞，美國／芝加哥則有極端溫度的問題。

⊗ 選擇題

Q52 **1913 年美國考古學家在埃及金字塔古墓中發現了某種食品,經鑑定後這項食品已歷時 3300 多年,但一點也沒有變質,至今還能食用。**
問:這項食品是什麼?

❶ **蜂蜜**
❷ **醋**
❸ **葡萄酒**
❹ **醃肉**

❶ **蜂蜜**

蜂蜜水分含量少,細菌和酵母菌都不能在蜂蜜中存活,因此蜂蜜並不需要放入冰箱保存,某些厭氧菌(如肉毒桿菌)可以以非活性的孢子形態存在其中,因為嬰幼兒腸胃等消化器官過於稚嫩,胃酸的分泌較差,所以,一歲內的嬰兒不要食用沒有經過消毒的蜂蜜。此外,蜂蜜中還含有 0.1% ～ 0.4% 的抑菌素。因此成熟的蜂蜜放置較長時間也不容易變質。

快問 ROUND 3 快答

Q53 排放大量的 CO_2 對地球人類最直接的環境問題是什麼？

❶ 地球溫度變高　❷ 沙漠縮小　❸ 北極冰層融化變慢　❹ 酸雨

① 二氧化碳排放量增加，對地球環境最大的影響為溫室效應，促使地球溫度上升。

Q54 失火時，用冷水和熱水，哪種能較快速撲滅火勢？

❶ 冷水　❷ 熱水

② 冷水固然可以降低火的溫度，但熱水能在短時間產生水蒸氣，把火源覆蓋，火源得不到氧氣，自然很快熄滅。

Q55 在以下哪個城市跨年時，可以最早迎接新年的曙光？

❶ 洛杉磯　❷ 紐約　❸ 倫敦　❹ 曼谷

④ 以國際換日線算起，越往西方則迎接新的一日的時間越晚，曼谷在相對位置上最接近國際換日線，因此曼谷會是最早迎接曙光的城市。

Q56 為了緩和考試緊張的氣氛，常常會深深吸一口氣。問：這一口氣含量最多的氣體是什麼？

❶ 氧氣　❷ 氮氣　❸ 水蒸氣　❹ 二氧化碳

② 大氣中含量最多的氣體是氮氣，所以深吸一口氣時吸入最多的便是氮氣，佔總體積的 78.09%。

Q57 用來紀念安徒生的「美人魚銅像」位於下列哪個城市？

❶ 阿姆斯特丹　❷ 奧斯陸　❸ 哥本哈根　❹ 赫爾辛基

③ 安徒生是丹麥人，為了紀念安徒生而設立的美人魚銅像放置於安徒生博物館中，位於丹麥首都哥本哈根。

The Mysteries of Lives

Part III

☑ 人體與生物奧祕

⊗ 選擇題

Q1 下列對於指紋的敘述何者是正確的？

① 雙胞胎指紋會相同
② 胎兒在母體內指紋就形成
③ 指紋會隨著年紀漸變
④ 手術或燒傷後的指紋會改變

② 胎兒在母體內指紋就形成
1. 即使是雙胞胎指紋也不盡相同。
3. 指紋不會因為年紀而改變。
4. 皮膚有再生能力。

延伸知識

指紋具有以下特性：

一、人各不同：指紋經世界各國專家研究結果，始終
　　未發現有兩個完全相同的指紋，甚至於同卵雙胞
　　胎的指紋其紋形雖有相類似的，但仔細比對其特
　　徵就有很大的差別。

二、不會改變：人在母體內胎兒 3 ～ 4 個月起時，即
　　有指紋的形成，從此以後，指紋雖隨個人的發育
　　而成長，但其紋路及形狀至死，甚至連屍體組織
　　腐敗分解的期間，其形態也不改變。為了證實這
　　個特點，19 世紀末，有一位德國人類學家威爾氏
　　及英國學者賀須爾氏，都先後留下指紋，經過 20
　　年後再來進行比對，結果幾乎不受時間的影響而
　　改變。這個永久不變的特性，是指紋驗證被採用
　　的原因之一。

三、觸物留痕：指紋是皮膚的一部分，人在活體狀態
　　下其實都會不斷地分泌汗液，以維持體溫之平衡；
　　因指紋每條凸紋上都佈滿汗孔、汗腺，人的指頭
　　一接觸到物品時，就會在該物品的表面上留有指
　　頭分液出來的汗液。若以孩童時期與成年後之指
　　紋相較，僅是紋線間距離長短、紋線粗細、指紋
　　面積之差別而已。

四、損而復生：在我們身體內，正常的細胞很少分裂，
　　但皮膚及腸道內膜細胞需要定期分裂，因此皮膚
　　具有再生能力。

⊗ 選擇題

Q2 下列何種減重觀念是正確的？

❶ 三餐採取倒三角形飲食
❷ 避免吃澱粉類食物
❸ 長期使用低熱量代餐
❹ 反覆減重不會有溜溜球效應

❶ 採取倒三角形飲食

倒三角飲食原則：早餐吃最多、午餐適中、晚餐吃最少。

減重時期仍然需要著重於均衡飲食，澱粉類的食物攝取可以減少約原先攝取的 10~15%，但並非完全不食用，許多年輕族群的觀念都覺得減重就是不吃飯，其實是挨餓受罪又影響健康，建議每餐食用約 8 分滿的飯，即為 3 份主食，再加上至少 2 種蔬菜及 1 塊約手掌大的肉製品。

根據衛生署的規定，市售零食包裝標示「低卡」，則代表每 100 公克熱量小於 40 大卡；「零卡」則代表熱量趨近於 0，但並非沒有熱量。而且一包零食不見得只有 100 公克，如果吃下 300 公克的零食，就是吃下 3 倍的熱量了！

⊗ 選擇題

Q3 俗話說戀愛是盲目的，是因為戀愛中的人血液中的血清素含量遠低於一般人。
問：許多疾病發生的原因，和戀愛中的人一樣是缺乏血清素所造成，不包括以下哪種疾病？

❶ 強迫症
❷ 憂鬱症
❸ 嗜睡症
❹ 月經偏頭痛

❸ 嗜睡症

很多健康問題與大腦血清素水平低有關。造成血清素減少的原因有很多，包括壓力、缺乏睡眠、營養不良和缺乏鍛煉等。在降低到需要數量以下時，人們就會出現注意力集中困難等問題，間接影響個人計劃和組織能力。

其他一些與大腦血清素水平降低有關的問題還包括易怒、焦慮、疲勞、慢性疼痛和焦躁不安等。嚴重的話會引起強迫症、慢性疲勞綜合症、關節炎、纖維肌痛和輕躁狂抑鬱症等疾病。月經期由於血清素降低也會引起偏頭痛。

⊗ 選擇題

Q4 胎兒在媽媽體內不會做下列何事？

❶ 眨眼
❷ 打嗝
❸ 握拳
❹ 放屁

❹ 放屁

胎兒所需的營養是母體的胎盤通過臍帶輸送，胎兒的消化系統還沒有運轉只會吸收不會消化，屁是腸道內細菌分解食物時發出的氣體或自身分解食物時所產生的，腸道裡沒有能產生屁的東西，所以沒有屁，就不放屁。

胎兒打嗝是胎內常見的生理現象，目前被認為是胎兒呼吸的一種正常變異，常常被媽媽誤認為胎動。打嗝原因是受到刺激時，橫隔膜突然收縮所產生的動作，這種動作大約在媽咪懷孕9週左右就會出現，但孕婦不一定感覺得到。

⊗ 選擇題

Q5 胃、肝、大腸、睾丸都會生癌，但為什麼很少聽說有心臟癌？

❶ 心臟免疫力強

❷ 心臟細胞不會增殖

❸ 心臟能清潔血液

❹ 癌細胞到不了心臟

❷ 心臟細胞不會增殖

癌症是醫學術語，是控制細胞分裂增殖機制失常而引起的疾病。癌細胞除了分裂失控外，還會局部侵入周遭正常組織，甚至經由體內循環系統或淋巴系統轉移到身體其他部分。

心臟以外的細胞都具有增殖機能，即使受了傷，只要過一段時間就能痊癒，這是因為細胞增殖使傷口癒合，然而心臟的細胞並不會增殖，所以癌細胞無法侵襲心臟。

Q6 藝人重要的是打理門面,而口齒清新相當重要,吃完大蒜後當中的硫化物(類臭素)會產生口臭。
問:吃大蒜後食用什麼可以幫助去除口中蒜味?

❶ 牛奶
❷ 口香糖

❶ 牛奶

美國科學家實驗發現,牛奶可以去除惱人的蒜味,而溫牛奶效果最佳。美國俄亥俄州立大學巴林格教授說,大蒜有很多養分,自古以來就是一味良藥。大蒜有鎂、維生素 B6、維生素 C 和硒等營養,可以降血壓、降膽固醇還可以防癌。不過,大蒜的氣味卻讓人不敢親近。巴林格說,大蒜會有氣味主要是「烯丙基甲硫醚」這種物質作祟。這裡面的硫會發出臭味,讓人敬而遠之。他說,只要 200c.c 的牛奶就可以去除一半的怪味。
口香糖只是添加香氛粒子,並未清除。

延伸知識

另外提供幾個可清除口臭的食物：

檸檬：可在一杯熱水裡，加入一些薄荷，同時加上一些新鮮檸檬汁飲用，可去口臭。

柚子：取新鮮柚子去皮，細細嚼食果肉。

金橘：可取新鮮金橘 5 ～ 6 枚，洗淨後整顆嚼食。

蜂蜜：蜂蜜 1 匙，溫開水 1 小杯沖服，早上起床空腹時喝。

山楂：取山楂 30 枚，小火煨黃、煮湯，加冰糖少量，每次 1 小碗。

茶葉：性苦，味寒，有止渴、清神、消食、除煩去膩的功效。用濃茶漱口或口嚼茶葉可除口臭。對進食大蒜、羊肉等食物後口氣難聞，用茶葉 1 小撮，分次置於口中，慢嚼，待唾液化解茶葉後慢慢咽下，療效頗佳。

⊗ 選擇題

Q7 長期吃素的全素者，容易罹患下列哪種貧血症狀？

❶ 溶血性貧血
❷ 惡性貧血
❸ 地中海型貧血
❹ 再生障礙性貧血

❷ 惡性貧血

貧血是指血液中的紅血球細胞濃度減少、血色素降低或血液稀薄的狀態。一般情況下，男性的紅血球細胞濃度低於410萬個、女性低於380萬個或男性血素低於13.5克、女性低於12克，即表示有貧血的傾向。

惡性貧血是指體內缺乏維生素B12所引起的巨球性貧血，例如：全素食者、偏食者、先天胃無法製造內在因子的人（維生素B12與內在因子結合才能被吸收）。

⊗ 選擇題

*Q*8 女生拔掉眉毛方便畫眉，為什麼頭髮會 一直長長，眉毛卻不會？

❶ 毛細胞的生長期不同
❷ 眉毛的細胞不會分裂
❸ 眉毛的毛孔比頭髮小
❹ 眼圈處為血管末梢

❶ 毛細胞的生長期不同

毛髮是從人體上的皮下毛囊中長出來的。毛囊底部的細胞能分裂、繁殖，毛髮會不斷更換，不斷生長。但是，由於頭髮和眉毛等的生長部位不一樣，它們的生長期也不相同。毛囊的生長週期有三個階段：生長期、消退期與休止期。在生長期的毛囊分裂十分旺盛，此時的毛髮會持續變長。之後的消退期與休止期，毛囊細胞不再分裂並開始萎縮，最終至毛髮掉落。而頭皮的毛囊生長期最久，可長達 2 至 6 年；但是睫毛與眉毛的生長期只有 1 到 6 個月，進入消退期就不再生長了。

⊗ 選擇題

Q9 嬰幼兒不明原因發燒時，常懷疑是泌尿道感染所引起的。
問：哪一種採集尿液的方式最乾淨，也最準確？

❶ 恥骨上緣膀胱穿刺
❷ 經尿道導尿
❸ 自解採集中段尿液
❹ 貼嬰兒尿袋收集尿液

❶ 恥骨上緣膀胱穿刺

嬰兒的骨盆小，因此膀胱就在恥骨上緣皮膚下，針頭扎下去就可以直接採集尿液，乾淨俐落，減少疼痛，準確度高。其他三種方式都會混雜尿道細菌，甚至糞便污染，準確度低，反而造成診斷失準，增加治療風險。

另外，一般尿液檢查取「中段尿」是為了避開外陰部與尿道頭的污染，另為了保存尿液中可能出現的圓柱體及測試尿液濃縮的能力，盡量採集較濃縮與較酸性的早上第一次尿液較佳。

⊗ 選擇題

Q10 **2012 年南韓的大叔 PSY 以一首〈江南 Style〉風靡全球。**
問：藝名「PSY」源自於？

❶ 貧窮者
❷ 癲癇患者
❸ 魯莽者
❹ 精神病患者

---

❹ 精神病患者

The Poor 貧窮者；Epileptic 癲癇患者；Reckless 魯莽者；江南大叔在 BBC 專訪時問到「PSY」這個藝名的原由，提出只是取自英文口語的 Psycho（精神病患者）的縮寫。

⊗ 選擇題

Q11 研究指出心臟不好的人，在空腹時食用某些水果會對身體，甚至心臟造成不好的影響。
問：下列哪種水果在空腹時，多食用最容易產生心臟問題？

❶ 蘋果
❷ 鳳梨
❸ 香蕉
❹ 芭樂

❸ 香蕉

香蕉多食後可造成體液中的鉀、鈉比值的改變，特別是空腹時食用，使血液中鉀大幅度增加。若血液中鉀的含量高於正常濃度 5.5 毫摩爾／升時，會對人的心血管等系統產生抑制作用，出現明顯的感覺麻木、肌肉麻痺、嗜睡乏力等現象，嚴重者心臟傳導阻滯、心律不齊。

⊗ 選擇題

Q12 為什麼噴了防蚊液，蚊子就不會靠近？

❶ 使體溫降低
❷ 味道掩蓋人的氣味
❸ 味道像蚊子同類
❹ 形成防護膜口器無法插入

❷ 味道掩蓋人的氣味

防蚊液是利用成分中的化學成分在身體的周圍形成一股「防蚊蒸氣」（靠人體體溫蒸散），散發出蚊子不喜歡的氣味，並藉此蓋掉人體發出的 CO_2，乳酸味以避免蚊子被這些味道吸引過來。防蚊液的主要成分有兩種，其中一種是人工合成化學物質「避蚊胺 DEET（diethyltoluamide、待乙妥）」俗稱為「敵避」，是目前臺灣用最多的避蚊產品。

⊗ 選擇題

Q13 中耳炎是兒童被使用抗生素最常見的疾病。
問：下列何者不是造成中耳炎的主要原因？

➊ 躺著用奶瓶餵奶
➋ 家中有人抽煙
➌ 過敏性鼻炎
➍ 游泳耳朵浸水

➍ 游泳耳朵浸水

一般而言嬰幼兒較易引起中耳炎，主要是因為幼兒的「耳咽管」較直、較短，其開口呈開放性且易受壓迫；而幼兒又大多數時間都是躺著，使呈水平的耳咽管排液不易，是幼兒容易罹患中耳炎的原因。

中耳炎的感染位置是在中耳腔，中耳腔與外耳道有耳膜阻隔，因此游泳耳朵浸水只會造成外耳炎，並不會入侵到中耳。

預防中耳炎的方法包括：不要吸二手煙；減少感冒的機會；餵母奶避免躺著，要用奶瓶餵，保持 45 度的角度才正確；控制過敏性鼻炎。

⊗ 選擇題

Q14 晚上大量喝酒過後，一早醒來的宿醉讓人頭痛不已。
問：宿醉頭痛的原因主要是因為？

❶ 大腦缺乏水分
❷ 酒精毒素過多
❸ 酒喝太快血管舒張
❹ 酒精存留腦中，無法排出

❶ 大腦缺乏水分

一杯 250 毫升的紅酒（或其它酒類），能讓人體排出 800 到 1000 毫升的水分，這解釋了為何酒吧的洗手間總是大排長龍。而腦脊液跟血液一樣幾乎全是水做的，沒有水，腦脊液的製造和排出會有所阻礙，影響整個循環。腦脊液的推動是由腦部大型血管的脈動協助，而血液要順暢循環，一樣要靠水。宿醉頭痛是因為身體器官會竊取大腦的水分，來幫自己補充流失的水分，且緊拉住連結大腦及頭骨的膜狀物。血裡有 91.4％是水，人體只要一脫水，血容量馬上受影響，所以缺水就會缺血，血管易收縮，腦子就缺氧，所以一脫水就會頭痛。

若想緩解宿醉可多喝水或吃維他命 B 群保護腦細胞。

⊗ 選擇題

Q15 腸病毒流行期，總讓家長聞風色變。
問：下列哪一個是兒童腸病毒最常見的
症狀？

❶ 腹瀉
❷ 口腔內潰瘍
❸ 變得聽話有禮貌
❹ 不自主的肢體動作

❷ 口腔內潰瘍

腸病毒是一群病毒的總稱，奇怪的是，它們很少引起腸胃道症狀。很多人以為拉肚子就是得到腸病毒感染，這是錯誤的。

最典型的腸病毒症狀（手足口症）是口腔黏膜、上顎、牙齦、舌頭有多處潰瘍；而手、足、口、臀部及膝蓋等部位會出現零散之紅疹或小水泡，也會有微燒、疲倦、厭食等症狀。病程為7 至 10 天。此外還有咽喉炎也很常見，症狀有發燒、疲倦、厭食、喉嚨痛及易流口水，一般少有併發症；扁桃腺周圍與懸雍垂兩側之軟顎可發現多處潰瘍，但沒有四肢之紅疹。

⊗ 選擇題

Q16 關於胸部發育的敘述，以下何者正確？

➊ 泡熱水澡可刺激胸部循環
➋ 運動時需穿緊一點的內衣
➌ 吃涼拌青木瓜可幫助發育
➍ 常常經痛可能會影響胸部發育

➍ 常常經痛可能會影響胸部發育

1- 洗澡時避免用熱水刺激乳房，更不要在熱水中長時間浸泡，
否則會燙去皮膚表面的角質層，讓皮膚越來越乾，使乳房的軟
組織越來越鬆弛。

2- 美國運動協會建議，背心形的運動內衣比較適合胸部嬌小，
一般胸罩穿 A 及 B 罩杯的女性；而胸部豐滿，穿 C 罩杯以上
的女性，則適合穿有罩杯的運動內衣。

3- 中醫師表示，青木瓜「性平、偏涼」，沒經過適當烹煮，就
沒有豐胸效果。

⊗ 選擇題

Q17 在搭乘飛機時，除了正餐以外，還會發一些小零食。
問：飛機上發放小零食還有什麼目的？

❶ 保護耳膜
❷ 幫助腸胃蠕動
❸ 調整時差
❹ 分散注意力

❶ 保護耳膜

飛機飛行時，隨著飛機的升降，客艙內的氣壓也隨之發生變化。中耳腔內的空氣會隨氣壓轉變而膨脹或收縮。如不能取得平衡，鼓膜 (eardrum) 便會因此而膨脹，導致耳痛或暫時性失聰。咽鼓管 (eustachian tube) 主要負責保持中耳和耳朵的氣壓平衡。當飛機下降時，中耳腔會形成「負壓」，人的咽鼓管只具有單向活門功能，往往不能有效地調節氣壓，耳朵就會感到不適。這時如果喝些飲料、吞嚥或打呵欠，就會促使咽鼓管打開，使內外氣壓得到平衡。

⊗ 選擇題

Q18 人類的糞便中，成分佔最大比例的是？

❶ 水分
❷ 蛋白質
❸ 食物纖維
❹ 壞死細菌

❶ 水分

糞便之中，大約 3/4 是水分，1/4 是固體。固體中是蛋白質、無機物、脂肪、未消化的食物纖維等，以及腸道脫落的細胞和死掉的細菌。吃得食物纖維質多，糞便就多；食物精細，糞便就少。

每天觀察糞便的顏色、形狀、味道、硬度及排便量，可判斷身體的健康情形。理想健康的糞便為金黃色、形如香蕉狀、味淡、軟硬適中；糞便的顏色代表腸內的 pH 值或酸度。

⊗ 選擇題

Q19 母乳是母親給嬰兒最好的禮物，但乳腺炎卻是哺乳媽媽最大的惡夢之一。
問：下列何者不是引發乳腺炎的原因？

❶ 餵奶次數不足
❷ 母親的壓力和疲累
❸ 奶水分泌過少
❹ 穿著過緊的胸罩或鋼圈

❸ 奶水分泌過少

乳腺炎是因為乳腺管阻塞進而引發感染，造成的原因有：1. 餵奶次數不足。2. 寶寶吸吮姿勢不正確。3. 奶水分泌過多。4. 母親的壓力和疲累。5. 穿著過緊的胸罩或鋼圈壓迫乳腺。

有時不太容易分辨輕微的乳腺炎或嚴重的乳腺管阻塞，是因為乳腺管阻塞的表徵是，乳房有漲痛的硬塊，表層的皮膚有時是紅的，類似乳腺炎的皮膚表層但比乳腺炎輕微；乳腺炎通常會伴隨發燒而且疼痛更強烈，且兩者都有疼痛的硬塊。

⊗ 選擇題

Q20 近視眼又愛美的女生通常會戴隱形眼鏡，
隱形眼鏡又分硬式和軟式兩種。
問：以下關於隱形眼鏡的敘述，哪一項敘
述是錯的？

❶ 硬式對矯正散光較有用
❷ 軟式含水量較高
❸ 軟式比較不會造成乾眼症

❸ 軟式比較不會造成乾眼症

隱形眼鏡與角膜中間有一層薄薄的淚液，每次眨眼，外面含氧量高的淚液會跑到隱形眼鏡與角膜中間，提供新鮮氧氣給角膜，這種淚液交換率，軟式隱形眼鏡只有 2%，而硬式隱形眼鏡則有 20%，所以同樣的透氧率下，硬式隱形眼鏡比較不易造成角膜缺氧的原因。另外，硬式隱形眼鏡光學性較佳，所以用來矯正散光比較有用，硬式沒有含水量，所以軟式的含水量較高，但是含水量越高表示越會吸水，所以對淚液分泌不足的人來說，配戴軟式比較容易造成乾眼症。

⊗ 選擇題

Q21 我們常在武俠小說中聽到的「任、督二脈」，在中醫學上，分別是位在身體的什麼部位的穴道？

❶ 腹與背
❷ 大腦與頸椎
❸ 手與腳
❹ 頭與臉

❶ 腹與背

任脈起源於小腹內，向下經會陰而出於體外，沿腹部的正中線往上伸延至咽喉，再分支環繞口唇，經過臉部，最後進入雙眼內。督脈同樣起源於小腹內，下出於會陰後，沿脊柱往上伸延至枕骨而進入腦內，再上行經過頭頂，沿前額下行至鼻柱，最後止於上唇內。「任脈」在人體的前面，屬陰，主導人體手足六陰經；「督脈」在人體的後背，屬陽，主導手足六陽經。當十二經脈氣血充盈，就會流溢到任督二脈，任督二脈氣機旺盛，則會循環作用於十二條經脈，所以「任督通則百脈皆通」。

⊗ 選擇題

Q22 為什麼和男生相比，女生較容易手腳冰冷？

❶ 血液循環較差
❷ 荷爾蒙問題
❸ 經常貧血
❹ 肌肉比例少

❹ 肌肉比例少

肌肉是人體的暖氣機，覺得冷的時候我們會發抖，讓身體暖和起來。男性的全身重量中，肌肉約莫佔了 40%，然而女性的肌肉只佔了全身重量的 23% 左右，大約只有男性的一半。比較兩性身體的熱能管理，顯然男性佔了優勢。

肌肉有一項重要的功能就是利用活動的過程將停滯的末梢血液帶回心臟，此外，肌肉也會促使熱能的產生。基於上述原因，女性身體就比較容易冰冷。

⊗ 選擇題

Q23 正常的女性乳房自我檢查，應在什麼時候進行？

❶ 月經前
❷ 月經後
❸ 排卵前
❹ 排卵後

❷ 月經後

最佳時間是月經後 1 星期內（來潮算起第 5 ～ 7 天），此時乳房較柔軟，易於檢查。停經或更年期婦女，可選擇每個月的同一天檢查（許多女性選在每個月 1 號，容易記住）。若沒有異樣的話，20 歲以後，每半年至一年給醫師檢查 1 次，40 歲以後，則須每半年檢查 1 次。但若自我檢查發覺有任何異樣，如新的硬塊或不對稱的硬塊，則隨時找醫師做進一步檢查，切勿拖延，耽誤病情。

Q24 根據聖經，上帝從亞當身上取出一根肋骨創造了夏娃。

問：人類男性和女性的骨頭，誰的較多？

❶ 男性多一根骨頭
❷ 女性多一根骨頭
❸ 女性多兩根骨頭
❹ 男女沒有差別

❹ 男女沒有差別

成人骨頭共有 206 塊，分為頭顱骨、軀幹骨、上肢骨、下肢骨四個部分，男女沒有分別。反而是小孩的較多有 213 塊，新生兒則有 305 塊，由於頭骨會隨年紀增長而癒合，因此成人骨骼個數少個 1、2 塊或多 1、2 塊都是正常的。

Q25 關於人體消化作用的敘述，下列何者正確？

❶ 澱粉在口腔中就已開始消化
❷ 消化液需藉由血液運輸到消化器官作用
❸ 蛋白質只能在胃內消化成胺基酸
❹ 減重需抑制大腸吸收油脂

❶ 澱粉在口腔中就已開始消化

唾液、胃液、腸液是在消化道內分泌的，胰液則是通過胰管導入小腸，因此消化液不需藉由血液運輸。當食物送到胃之後，胃液會繼續消化碳水化合物和蛋白質，然後半消化食物到小腸，加上胰臟分泌的消化液和膽汁等，繼續蛋白質、碳水化合物和脂肪的消化，所以蛋白質是在胃和小腸內消化。大腸的主要功能是進一步吸收糞便中的水分、電解質和其他物質，同時大腸還有一定的分泌功能，能保護黏膜和潤滑糞便，使糞便易於下行，保護腸壁防止機械損傷，免遭細菌侵蝕。

快問　ROUND 1　快答

Q26 人體中哪個部位不會隨著年齡長大呢？

❶ 鼻子　❷ 耳朵　❸ 眼球　❹ 心臟

③ 我們的眼球從出生以來都大小相同，其他部位如鼻子和耳朵卻會不斷長大。

Q27 根據中醫理論，頭髮總是沒有光澤，甚至提早出現白髮，有可能是身體哪一部位的機能失常？

❶ 肺　❷ 胃　❸ 腎　❹ 膽

③ 中醫認為「腎藏精，其華在髮」，如果腎精不足，頭髮容易失去光澤，提早出現白髮。

Q28 嬰兒出生時開始啼哭，是因為有了什麼？

❶ 嗅覺　❷ 聽覺　❸ 呼吸　❹ 觸覺

③ 胎兒是通過胎盤由母親供給氧氣，一旦出生，這通路被切斷，孩子就靠自己的肺呼吸了。第一聲哭是表示肺已張開。

Q29 抽血、採血時，一般是從哪一種血管抽取？

❶ 動脈　❷ 靜脈

② 在醫學中靜脈被用作接觸血液循環的點。化驗時抽血、靜脈注射液體、電解質、營養物獲得藥物、使用注射器注射藥物或者插入導管均使用靜脈。一般要求在上午抽血，抽血前盡量減少運動量，保持空腹，可以喝少量的水。

Q30 照超音波時，為什麼醫生會先塗凝膠呢？

❶ 為了潤滑　❷ 為了超音波的傳遞　❸ 為了消毒　❹ 降低體溫

② 為了讓超音波順利進入體內，我們需要一個良好的介質，故黏稠的凝膠就是用來將超音波導入體內用的。

⊗ 選擇題

Q31 為什麼睡覺時蚊子喜歡在人的耳朵旁邊飛？

❶ 耳朵皮膚較薄，蚊子容易聞到血的味道
❷ 因為耳屎的味道
❸ 耳朵的血比較新鮮

❷ 因為耳屎的味道

蚊子喜歡潮濕、腥臭的味道，人的耳垢正好是蚊子最喜歡的味道，人耳因隨時分泌耳屎，裡頭的腥味會吸引牠們前來，而且睡覺時通常只露出頭部，耳朵變成最吸引蚊子的地方。此外，蚊子會跟蹤二氧化碳，所以即使是在黑夜中，牠們也會循著二氧化碳和耳屎味，在人體身邊繞飛不走。

延伸知識

為什麼蚊子特別喜歡在睡覺時來繞飛不走？

蚊子通常都是在睡覺時才在你耳邊嗡嗡嗡地飛，原因是：人在睡眠時體溫會降低，而耳溫卻是身體體溫較高的部位。所以，牠都會在耳邊飛，感應你的體溫。雌蚊雖然可以在遠處就偵測到口鼻呼出的二氧化碳，卻只有在近到距離幾公分時，才能依賴位於蚊子足部上的感受器，感應到人體的溫度、濕度和汗液成分以及氣味，進而決定是不是合適的吸血對象。

絕大多數的雌蚊都是吸血維生，主要是為了要產卵之故，所以牠們的口器特化為細長的喙，以便刺穿動物的皮膚。跟其他吸血昆蟲的針狀（像注射針筒）口器不同，雌蚊口器上佈滿了鋸齒狀的突出，和注射針頭平滑的表面相比，鋸齒狀的口器和皮膚組織接觸的面積較小，這減少了對於神經的刺激，所以產生的疼痛感大大降低。蚊子吸血時，會反覆穿刺皮膚，藉這個動作來尋找最適合的穿刺位置（以微血管密度決定）。接著，將口針刺入皮膚，直接刺入微血管，或利用口器的游移劃破微血管，形成血池後再吸血。

雌蚊藉由特殊的感應器來尋找牠們的獵物。雌蚊對二氧化碳、熱及汗水非常敏感，所以牠們能在一定的距離內尋找恆溫的哺乳類和鳥叮咬。經常有人認為血型、肥胖、性別甚至血糖會影響被叮咬的風險，但目前沒有令人信服的統計數據。

Q32 鴕鳥心態是指一種逃避的心理，鴕鳥低下頭的常見原因是？

❶ 覓食
❷ 受到驚嚇
❸ 休息
❹ 聽腳步聲

❶ 覓食

據科學家證實，鴕鳥有時將頭貼在地面是為了覓食，除非是鴕鳥處於十分不利的位置和環境中，比如正坐在巢上時，鴕鳥才會為了躲避敵人盡可能地隱藏自己。成年雌性鴕鳥以及幼鳥的體羽主要是棕灰色的，在非洲大草原是很好的保護色，當鴕鳥把脖子和頭貼在地面上時，敵人多半很難發現鴕鳥的頭，而將鴕鳥的龐大身軀當成長著草的土堆。成年雄性鴕鳥的翅膀和尾羽是黑白相間的，可以與夜色融為一體，方便在夜晚中隱藏。鴕鳥的奔跑速度可達時速 60 ～ 70 公里，所以一般來說，鴕鳥一旦受到驚嚇，其實是拔腿就跑，而不會將頭頭埋進土裡。

⊗ 選擇題

Q33 我們常見的含羞草，用手觸摸含羞草葉片會合起，稱作觸發運動。
問：含羞草的觸發運動與下列何者有關？

❶ 植物的感官細胞
❷ 神經系統
❸ 春化作用
❹ 細胞內的水分多寡

❹ 細胞內的水分多寡

含羞草最大的特點是它受到刺激時，含羞草的葉面會收縮起來，而在光線較弱時比較敏感，平常葉枕內的水分支撐著葉片，但是當受到外力刺激時，葉枕內的水分會立即流向別處，使含羞草的葉片閉合。

Q34 迴聲定位聲納系統在軍事偵查方面有重大的作用，以下哪種動物不具備此能力？

❶ 海豚
❷ 飛鼠
❸ 鯨魚
❹ 蝙蝠

❷ 飛鼠

海豚、鯨魚、蝙蝠皆使用聲納，由嘴鼻發出音波很短的頻率發射出去，遇物折返測速知道距離，故可覓食或避開礙障物。以蝙蝠為例，牠們會發出尖銳的叫聲，再用靈敏的耳朵收集周圍傳來的迴聲，迴聲會告訴蝙蝠附近物體的位置和大小，以及物體是否在移動。這種技術稱為迴聲定位法。而我們人類使用的雷達就是模仿牠們的迴聲定位法。

⊗ 選擇題

Q35 下列哪種生物是魚類動物？

❶ 甲魚
❷ 海馬
❸ 蝌蚪
❹ 娃娃魚

❷ 海馬

海馬屬於魚類，但不具一般魚類的外形。牠的尾鰭完全退化，脊椎則演化到如猴子尾巴一樣，可用來捲曲勾住物體以固定身體。游泳時頭部向上，依靠幾乎透明的背鰭與胸鰭進行運動。甲魚又稱鱉，為爬蟲類；海牛是大型水生哺乳類，是傳說中美人魚形狀的生物；娃娃魚正確名稱為大鯢，是生活在淡水中的兩棲類生物；蝌蚪是青蛙的幼蟲。

⊗ 選擇題

Q36 蜜蜂會利用何種方式來傳達食物的相關訊息？

❶ 震動翅膀發出聲音
❷ 飛行舞蹈
❸ 碰觸觸角
❹ 採集的食物種類

❷ 飛行舞蹈

蜜蜂是個組織架構相當完整的昆蟲，它們之所以能夠如此有條理，是因為它們靠特定的「舞蹈」在互相傳遞訊息。

當負責偵察的蜜蜂發現蜜源，它們就會利用舞蹈作信號，指示同伴花朵在哪，好讓同伴們前去採集。它們利用各種不同形式的舞蹈，告訴同伴路程遠近；並依靠太陽來辨識方向，利用太陽和蜂房、蜜源這三個點做定位，告知同伴方向，而且還有圓舞、八字舞等不同的飛行舞蹈。

⊗ 選擇題

Q37 以下哪一種動物不會進行無性生殖？

① 草履蟲
② 海星
③ 蜜蜂
④ 蝸牛

④ 蝸牛

孤雌生殖是無性生殖的一種，由未受精的卵直接發育為成體。一般來說，孤雌生殖行數代後，便會有雄體發育，並和雌體交配，使卵子受精。蜜蜂的蜂王在其一生中，僅與雄蜂交配一次，所接受的精子則儲藏在連接生殖道的小囊中，被肌肉瓣膜所關閉。當蜂王產卵在蜂群擁擠的巢中時，因腹部受擠壓而使瓣膜打開，精子便排出而與卵結合 (2N)，生出雌蜂；若瓣膜不打開，則卵未受精即發育 (N)，生出雄蜂。

草履蟲是無性生殖中的分裂生殖，海星是無性生殖中的斷裂生殖。蝸牛則是雌雄同體、異體受精，因此仍屬有性生殖。

Q38 我們都知道海豚是哺乳類動物，呼吸器官是肺，所以呼吸的時候需要游上水面。問：靠肺呼吸的海豚，牠睡覺時要怎麼呼吸？

❶ 睡眠時間很短
❷ 邊睡覺邊呼吸
❸ 肺有儲存空氣的功能
❹ 同伴會叫醒牠

❷ 邊睡覺邊呼吸

海豚的大腦可以分成兩個半球，兩個半球會輪流休息，也就是說一半的腦在休息時，另一半還是清醒的，所以海豚隨時隨地都是在清醒的狀態，這樣就不會沒有辦法呼吸了。在此過程中，海豚的呼吸作用是自動進行的，尾部持續划水，以保持呼吸孔浮在水面之上。

⊗ 選擇題

Q39 一般而言，鯨魚的嘴巴內沒有牙齒，但
是有鯨鬚。
問：下列哪一種鯨魚的嘴巴內卻是有牙
齒的？

❶ 藍鯨
❷ 大翅鯨
❸ 塞鯨
❹ 抹香鯨

❹ 抹香鯨

鯨豚類可分為鬚鯨類與齒鯨類兩大類，一般而言，鬚鯨類就是
鯨魚，齒鯨類則是海豚。

抹香鯨的名字雖有鯨，但卻屬於齒鯨類，是全世界體型最大的
齒鯨（區別於鬚鯨），也是現今最大的掠食者之一。牠們是哺
乳動物中潛得最深、最久的物種，因此號稱為動物王國中的
「潛水冠軍」。牠們擁有動物界中最大的腦，頭部顯得特別重
而大，而尾部卻顯得既輕又小，這使得牠們的身軀就像一隻大
蝌蚪。

⊗ 選擇題

Q40 蒼蠅飛落在某處就匆忙搓腳的原因是？

❶ 留下自己的足跡
❷ 蒼蠅愛乾淨
❸ 品嚐味道
❹ 不自覺的動作

❸ 品嚐味道

人的味覺器官在舌頭，而蒼蠅的味覺器官在腳上。所以蒼蠅搓腳是在品嚐食物的味道。但是，因為蒼蠅愛亂吃、到處東沾西抹的，腳上自然沾染許多東西，也就影響到牠繼續品嚐食物，所以牠常一停下來就開始搓腳，品嚐食物之後，也同時清理腳上沾附的物品。蒼蠅也藉此習慣大量傳播細菌。牠們喜歡停留在穢物上，並在上面爬來爬去，黏著大量穢物和細菌的牠，起飛之後又停留在其他食物上，再把細菌搓下來，細菌就成功進入人體，完成細菌傳播。

Q41 下列選項何者為最長壽的生物？

❶ 象龜
❷ 弓頭鯨
❸ 珊瑚
❹ 黃鱔魚

❸ 珊瑚

烏龜被認為是地球上壽命最長的脊椎動物。牠們當中壽命最長的代表是名為哈里特的一隻加拉帕戈斯象龜，牠在 2006 年 6 月因心臟衰竭去世的時候 175 歲。據說另一隻名為 Adwaita 的亞拉伯拉象龜去世時年齡為 250 歲。

據《美國國家地理》報導，科學家通過觀察罕見的弓頭鯨的眼睛發現，有一頭雄性弓頭鯨的壽命已經達到了 200 歲。微孔珊瑚最高紀錄則有 1200 多年。黃鱔魚約莫 10 歲。

⊗ 選擇題

Q42 蝴蝶翅膀上的鱗粉不具以下哪種特性？

❶ 可再生維持色彩
❷ 有蠟質可防水
❸ 吸收太陽能
❹ 分泌費洛蒙

❶ 可再生維持色彩

鱗粉構成斑紋與圖案，可以達成區別種類、吸引異性、嚇唬或欺騙敵人的效果。也有以下特性：一、防水：鱗粉表面有一層蠟質，加上鱗粉本身的顯微結構，讓水滴不會附著在翅膀上。二、發香：某些特化的鱗粉，可以使得蝴蝶分泌的費洛蒙更有效地揮發至空氣中，更快吸引雌蝶。三、吸收太陽能，讓體溫高於 27℃，才能展翅飛翔。另外由於鱗粉容易脫落，因此就像沾了麵粉一樣不容易被蜘蛛網黏住。

⊗ 選擇題

Q43 為什麼麻雀晚上不出來活動？

❶ 晚上天敵多
❷ 眼睛小看不到
❸ 天生有夜盲症
❹ 太安靜不利捕食

❸ 天生有夜盲症

麻雀屬於日行性動物，不適合夜晚出沒。麻雀在視網膜上的感覺細胞大多屬於圓錐細胞，需要比較強的光線刺激才會起作用。而夜行性動物如貓頭鷹，視網膜上大多是對光線敏感的桿狀細胞，適合在夜晚或為微光時活動。

⊗ 選擇題

Q44 海豚要躍出水面翻滾，其目的為？

❶ 求偶
❷ 獵食
❸ 甩掉身上的寄生蟲
❹ 確定方向

❸ 甩掉身上的寄生蟲

以色列科技學院和美國專家在海豚生物學實驗期刊發表研究結果發現，海豚在水中時，受到阻力較大的影響，旋轉並不明顯，一旦跳出水面，空氣阻力比水要小許多，海豚可以在水面，以每秒 6 公尺的速度旋轉。根據研究，海豚在進行跳出水面的動作時，身體會感覺不舒服，不過，可以因此擺脫身上的寄生蟲。事實上，寄生蟲對海豚造成的影響相當大，甚至會造成海豚生病，專家在研究鯨豚類生物擱淺在海灘的成因，寄生蟲便是其中一項重要原因。

Q

Q45 壁虎以捕食小蟲子維生，是害蟲的天敵，可作為環境有害生物之生物防治。
問：壁虎為什麼會攀附在牆壁上？

❶ 腳趾上有毛
❷ 腳趾會分泌黏液
❸ 腳趾上有吸盤
❹ 腳趾上有刺

❶ 腳趾上有毛

壁虎的腳掌腹面覆蓋著一層極其細微、數百萬根之角質細毛。這些細毛在與物體接觸時，會與物體間產凡德瓦力。雖然凡德瓦力的作用很小，但因為細毛的數量很多，所以總體產生的力量就足以支撐壁虎的體重，讓壁虎在牆壁、天花板，甚至玻璃上來去自如了。

⊗ 選擇題

Q46 鯊魚需要一直游泳,因為如果牠停止游泳,會發生什麼事?

❶ 得憂鬱症
❷ 浮上水面
❸ 停止呼吸
❹ 打瞌睡

❸ 停止呼吸

鯊魚屬於軟骨魚,沒有鰓蓋,只有鰓裂。鯊魚又無法藉由鰓裂的收縮來製造水流,因此必須使用不斷向前進所產生的水流強行將鰓裂打開,從中攝取氧氣,所以停止向前將使牠的鰓無法接觸到含有氧氣的水,就會窒息。鯊魚和硬骨魚類的不同之處是,牠們沒有鰾來控制浮潛。如果停止游泳,大部分的鯊魚會往下沈。為了減輕在水中的重量,鯊魚的肝內具有大量的油。

⊗ 選擇題

Q47 生物圈中的族群間有許多不同的交互作用關係。
問：海葵與寄居蟹的關係，與下列哪一組配對一樣？

❶ 人類與蛔蟲
❷ 珊瑚與藻類
❸ 獅子與羚羊
❹ 麻雀與白頭翁

❷ 珊瑚與藻類

海葵與寄居蟹、珊瑚與藻類都是互利共生，互利共生是指在生物界中某兩物種間的一種互相依賴、雙方獲利的共生關係。

人類與蛔蟲是寄生關係，寄生是指一種生物生於另一種生物的體內或體表，並從後者攝取養分以維持生活的現象。獅子與羚羊關係為食性關係。麻雀與白頭翁關係為競爭，是指族群間為了生存、繁衍後代而爭奪食物、陽光和飲水等有限環境資源的情形。

⊗ 選擇題

Q48 怪方蟹的棲息地在龜山島的海底火山熱泉出口附近。
問：為什麼怪方蟹可以生活在海底火山熱泉出口附近？

❶ 殼特別厚
❷ 周圍水溫不高
❸ 在水草裡降溫
❹ 殼耐高溫

❷ 周圍水溫不高

2004 年，中研院研究員鄭明修發表硫磺怪方蟹食性生態論文，得到國際權威期刊《Nature》採用，2007 年更獲得日本最具聲望的「生態學琵琶湖獎」肯定。怪方蟹棲息地在龜山島周圍 20 至 200 公尺深的海底火山熱泉出口附近，熱泉溫度雖然超過攝氏 100 度，可是周邊海水溫度低，熱泉口旁 1、2 公尺處，水溫即與周圍等溫，所以，必須澄清的是此蟹絕不是棲息在火山熱泉的高溫水「中」，而是棲息在高溫水「旁」的正常水溫中，若因此被誤認為具有耐高溫特性，實是嚴重誤解。

快問 ⏱ 快答
ROUND 2

Q49 我們吃的雞蛋，裡面沒有小雞是因為？
❶ 沒有受精　❷ 來不及孵化　❸ 經過冷藏　❹ 養分不足
① 我們食用的雞蛋是母雞沒有經過公雞受精所產下的。

Q50 「鱷魚的眼淚」一詞來由是說鱷魚在吃食物的同時會一邊流淚一邊吃，後期被用來形容人假慈悲之意。問：鱷魚邊吃食物邊流眼淚的主要原因是？
❶ 東西太難吃　❷ 細菌進入喉嚨　❸ 老鱷魚淚腺較發達
❹ 排去多餘鹽分
④ 鱷魚腎臟的排泄功能很不完善，體內多餘的鹽分，要靠一種特殊的鹽腺來排泄。鱷魚的鹽腺正好位於眼睛附近。

Q51 亞洲象與非洲象的比較下列何者正確？
❶ 亞洲象的耳朵比非洲象大　❷ 非洲象的頭頂是凹下去的
❸ 亞洲象象鼻上下均有突起　❹ 非洲象象牙雌雄都是外露
④ 1.非洲象的耳朵比較大。2.亞洲象的頭頂才是凹下去的。
　3.非洲象的象鼻上下均有突起，亞洲象只有上部有突起。

Q52 我們所悉知的企鵝生活在南極，可是加拉帕哥斯企鵝卻生活在赤道附近的科隆群島，是棲習地最北邊的企鵝。為什麼這種企鵝可以生活在赤道附近？
❶ 演化成可耐高溫　❷ 牠們不是企鵝　❸ 有涼流經過
❹ 島上有天然洞穴
③ 受到秘魯寒流和克倫威爾洋流的共同影響，科隆群島的氣溫遠低於赤道其他地區，使得此種企鵝可以在此生存。

Q53 吃香蕉的時候，常常會在香蕉果肉內看到一些小黑點。這些香蕉果肉裡的小黑點是什麼？
❶ 種子　❷ 孢子　❸ 真菌　❹ 蟲卵
① 農業種植的香蕉，種子已將退化，僅剩下種皮，也就是我們看到的小黑點。野生種的香蕉，果肉內就有完整的種子。

Literature & Histories *Part IV*

☑ 中外文史

關主題

Q

Q1 中國古代歷史上有多許殘酷的刑罰，我們常常聽到「凌遲處死」。
問：「凌遲」指的是下列哪種酷刑？

1. 剝皮灌水銀
2. 用小火慢慢烹煮
3. 將肉一片一片割下來
4. 凌晨時處死

政大附中國文老師／博士生／楊曉菁

❸ 將肉一片一片割下來

凌遲，俗稱千刀萬剮，目的是要讓犯人受到最大的痛苦，因此必須在犯人活的時候施刑，每次凌遲要由兩個人執行，從腳開始割，據說一共要割一千刀，也就是要割下一千片肉才准許犯人斷氣，若犯人未割滿一千刀就斷了氣，執行人也要受刑。

延伸知識

中國歷史上有些著名的酷刑，列舉其中幾項如下：

腰　斬：由於腰斬是把人從中間切開，而主要的器官都在上半身，因此犯人不會一下子就死，斬完以後過一段時間才會斷氣。明成祖殺方孝孺就是用腰斬。

車　裂：即五馬分屍，把受刑人的頭跟四肢套上繩子，由五匹快馬拉著向五個方向急奔，把人撕成六塊。商鞅就是受五馬分屍之刑。

烹　煮：即請君入甕，唐朝武則天當皇帝的時候，朝中有位酷吏叫來俊臣，崇尚嚴刑峻法，對不肯招供的犯人往往以酷刑對待。

閹　割：去宮，中國人由於代代都要靠宦官來服侍后妃（以免皇帝戴綠帽子），所以閹割的歷史久遠。此刑常被貴族沖抵死刑，相對的女性為「幽閉」。

刖　刑：一種類似截肢的酷刑。

棍　刑：拿根棍子直接從人的嘴裡插進去，穿破胃腸。這種酷刑還有變形，就是對待淫婦用的「木馬」，是拿根木樁，從下體插進去，由於木樁在木馬上，人又坐在木馬上，身體的重量會往下落，木樁便會慢慢穿入。

灌　鉛：用鉛或錫灌入受刑人的腸子裡，無論灌錫或灌鉛都能把人燙死。而且溶化的錫或鉛一入肚腹就會凝固成硬塊，這種重金屬的墜力也能致人死命。

梳　洗：用鐵刷子把人身上的肉一下一下地抓梳下來，直至肉盡骨露，最終咽氣。發明者是朱元璋。

頭髮水：將頭髮剪下一小撮來，然後剪得碎碎的放進茶水或咖啡裡，請人喝或強灌下去，因為頭髮非常不消化，會黏在腸胃道上，不但會傷身還會阻礙進食。

插　針：用針插手指甲縫。

鋸　割：把人用鐵鋸活活鋸死。

Q

⊗ 選擇題

Q2 金庸著名的小說《天龍八部》，其書名所指的是？

❶ 八位主角
❷ 八種絕世武功
❸ 八個獨立章節
❹ 八種佛教神靈

❹ 八種佛教神靈

天龍八部，是佛教概念，指佛教護法隊伍中以天、龍為首的八種神話種族，故稱「天龍八部」。由於一般認為作者是有意以佛家「天龍八部」中的八種神靈隱喻書中人物，加上本書亦是作者眾多小說中少數多主角的作品，所以經常有人猜想「八部」分別代表哪八位角色。「八個故事八位主角」應該是作者一個最終未有付諸實行的構思，而強行挑選八個角色代表「八部」並沒有意義。

⊗ 選擇題

Q3 下列哪一項關於關公的事蹟是真的？

❶ 手持青龍偃月刀
❷ 坐騎赤兔馬
❸ 怒斬顏良
❹ 過五關斬六將

❸ 怒斬顏良

青龍偃月刀在宋朝才出現，考古學上並無漢晉時期使用此類武器的證據。赤兔馬亦為杜撰，正史上沒有關於關羽坐騎戰馬的特別記載。雖然《三國志》對於「斬顏良」的記載只有 19 字，卻是正史中極少數載述古代武將單挑的文字中最明確的記錄之一。過五關斬六將是歷史小說《三國演義》中的虛構情節之一，也被稱為千里走單騎。情節中敘述的六個將領，均是未載於史料的虛構人物。

⊗ 選擇題

Q4 「曾經滄海難為水，除卻巫山不是雲」原本是用來形容哪種情境？

❶ 生命長短
❷ 親子之情
❸ 愛情忠貞
❹ 事業困頓

❸ 愛情忠貞

唐代詩人元稹的〈離思〉，全詩如下：「曾經滄海難為水，除卻巫山不是雲。取次花叢懶回顧，半緣修道半緣君。」翻譯為白話是：曾經經歷過滄海大水的人，再看到其他地方的水，就難再認為那是值得一看的水；看過巫山的雲之後，除了巫山的雲，便覺得其他地方的雲，看來全不是美麗好看的雲。即使從眾多的美女群中走過，也都懶得回頭再看她們一眼，固然一半是為了修道，一半卻是為了妳。此詩原意是隱喻深廣篤厚的愛情，除了詩人所鍾愛的女子，再也沒有能使其動情的女子了。後來，很多歷經坎坷、嘗遍滄桑、見多識廣的人，用此語表達著對素以平常的事物極其的淡視。

Q

Q5 形容一件事情被看出破綻，叫做「露出馬腳」，請問典故為何？

❶ 打仗時被敵人看見軍隊
❷ 驢子假裝成麒麟被察覺
❸ 民女未纏足被發現
❹ 馬妖化身成人失敗被發現

❷ 驢子假裝成麒麟被察覺

唐代馮贄的《雲仙雜記・卷九・麒麟楦》寫道：楊炯常用「麒麟楦」來取笑在朝為官的人，有人就問他為什麼，他說：「我們在玩麒麟楦時，用驢子來假扮麒麟。把畫了麒麟樣子的外皮往驢子身上一套，從外表看的確很像，但是一把外皮拿掉，到底還是頭驢子啊！缺少內在修養，光穿著光鮮亮麗官服的人不也一樣？」後來，人們就把洩露真相稱為「露馬腳」或「露出馬腳」。

⊗ 選擇題

Q6 我們用「草包」這個詞語來形容一個人深度不夠,毫無內涵。
問:其實「草包」是一種古代的剝皮酷刑,這種刑罰源自於哪一個朝代?

❶ 漢代/武帝
❷ 唐代/來俊臣
❸ 明代/朱元璋
❹ 清代/康熙

❸ **明代/朱元璋**

明太祖規定如果抓到貪污數額在「60 兩白銀以上」,就要處以剝皮。並且將皮裏填上草,變成「人皮草袋」,展示在衙門官座旁邊。所以府州縣衙附近,都會設一座「皮場廟」,其實是用來祭祀土地神,當然如果需要實行剝皮就在此執行。

⊗ 選擇題

Q7 我們現在用「國色天香」形容女子容貌美麗、姿態曼妙。
問：「國色天香」原本是用來比喻什麼？

❶ 後宮佳麗的容顏
❷ 美麗的繪畫
❸ 牡丹花
❹ 孔雀開屏

❸ 牡丹花

唐文宗和楊妃在內殿觀賞牡丹花，由於文宗相當喜愛詩，就問程修己說：「現在京城裡傳唱的牡丹詩誰寫的最好？」程修己回答說是中書舍人李正封的〈牡丹〉詩：「天香夜染衣，國色朝酣酒。」兩句寫的最好。李正封的詩中，用「天香」形容牡丹花的香味就像來自天上，以「國色」比喻牡丹花色，就好像喝醉酒時臉頰緋紅的嬌艷情態。後人就以「國色天香」作為牡丹的別稱。

⊗ 選擇題

Q8 俗話「一問三不知」，最早指的是哪三「知」？

❶ 開始、經過、結果
❷ 天知、地知、我知
❸ 你知、我知、他知
❹ 地點、日期、時間

---

❶ 開始、經過、結果

《左傳》魯哀公 21 年的記載中，有這樣一段故事：晉國的荀瑤領兵伐鄭，荀文子認為，只有在對敵軍的情況瞭若指掌時才可以決定戰術。他說：「君子之謀也，始中終皆舉之，而後入焉。今我三不知而入之，不亦難乎？」意思是「謀劃事情，要對整個事情的開始、發展和結局都弄清楚，才能最後決定怎麼辦，現在我們什麼都不知道，怎麼用兵呢？」可見，所謂「三不知」，是指對情況的開始、發展和結局全然不知道。

⊗ 選擇題

Q9 「在天願做比翼鳥，在地願為連理枝」是出自哪對戀人的故事？

❶ 牛郎與織女
❷ 梁山伯與祝英台
❸ 唐玄宗與楊貴妃
❹ 后羿和嫦娥

❸ 唐玄宗與楊貴妃

此句出自白居易的作品《長恨歌》。比翼鳥是傳說中的動物，牠們只有一張翅膀，得依賴另一隻比翼鳥才能飛翔；連理枝則是指情侶死後被分開安葬在大路的兩旁，墓穴卻分別長出了一棵植物，當植物長高了，便接連在一起，成為連理枝。傳說這兩句是唐玄宗與楊貴妃私定的愛情宣言。

⊗ 選擇題

Q10 我們常常提到「巾幗不讓鬚眉」，象徵
女子也有報國從軍的雄心壯志，歷史上
不乏征戰沙場的女將領。
問：歷史上曾帶兵出征，贏得「娘子軍」
美名的，是哪一位巾幗英雄？

❶ 穆桂英
❷ 李三娘
❸ 花木蘭
❹ 梁紅玉

❷ 李三娘

平陽昭公主，姓李，名不詳。中國唐朝唐高祖李淵第三女，母
竇氏。李建成、李世民同母姐弟。人稱三娘子。李淵起兵之時，
李氏從長安避居鄠縣，散家財，招引山中亡命之徒，得數百人，
以此響應父親的起義。又遣家奴馬三寶招降武裝地主何潘仁，
合兵攻下鄠縣城。又招降反隋的李仲文、向善志、丘師利等人，
部眾最終達 7 萬人，號為「娘子軍」。

Q

Q11 「人言可畏」一詞的由來是因為什麼事件？

❶ 女子拒人求愛
❷ 考取狀元失敗
❸ 君王娶了其貌不揚的妻子
❹ 酒館菜色太難吃

❶ 女子拒人求愛

出自《詩經・鄭風・將仲子》是一首女子拒人求愛的詩，雖然女子對求愛的仲子也有意，但卻害怕家人與街坊鄰居的閒言閒語。其詩詞內容為：「將仲子兮，無踰我園，無折我樹檀。豈敢愛之？畏人之多言。人之多言，亦可畏也。」

Q

Q12「沉魚落雁之美，閉月羞花之貌」，是形容女子美麗動人的代名詞，然而其中「沉魚之美」指的是西施。

問：西施是歷史上有名的美女，她姓什麼？

❶ 姓西，是其家鄉的地名
❷ 姓范，跟丈夫范蠡姓為「范」
❸ 姓施，西是指居住的方向
❹ 姓西施，是浙江大族姓氏

---

❸ 姓施，西是指居住的方向

西施，本名施夷光，是中國古代四大美人的沉魚，春秋末期的浙江諸暨一帶人氏，浙江諸暨薴蘿山下有兩個村子，分為東、西兩村。村中的人大多數姓施，施夷光住在西村，所以大家稱其西施。

落雁指王昭君；閉月指貂蟬；羞花指楊貴妃。

⊗ 選擇題

Q13 成語「夜郎自大」中的「夜郎」指的是？

❶ 人名
❷ 地名
❸ 國名
❹ 官名

❸ 國名

夜郎，又稱作夜郎國，是漢朝時西南夷中的一個國家，夜郎的中心位置，至今尚無定論，有學者認為位在今天貴州六盤水一帶。漢武帝時期曾派使者前往視查，到了夜郎國，夜郎國王很親切地招待使者，並問使者：「漢的疆域和夜郎相比，誰的比較大？」使者聽了啼笑皆非。他們由於缺乏對漢王朝的瞭解而提出了一個以己之短比人之長的可笑問題，後來人們就用「夜郎自大」來比喻妄自誇大。

Q

▣ 圖片題

Q14 圖中是朋友的「朋」之古字,它所描繪的圖像是?

❶ 結繩
❷ 柳樹
❸ 芒草
❹ 飛雁

❹ 飛雁

朋,意為朋友,結黨。如朋黨,賓朋滿座,朋比為奸。東漢許慎《說文解字》明確表示:朋,假借也,表示群鳥聚在一起的情形。

快問 ROUND 1 快答

Q15 人們常說「無事不登三寶殿」，「三寶」是指哪三寶？

❶ 紙、硯、筆　❷ 書、劍、琴　❸ 佛、法、僧

③「三寶」是佛教名詞，指佛教徒尊敬供養佛寶、法寶、僧寶
等三寶，又作三尊。

Q16 成語「水性楊花」可以用來形容見一個愛一個的女
生。問：「水性楊花」的「楊花」指的是什麼？

❶ 水仙花　❷ 楊柳　❸ 牡丹　❹ 蘆葦

② 水性楊花的意思是指一個女生個性像水一樣容易流走，像楊
柳一樣容易隨風搖擺不定，比喻對愛情不堅定的女子。

Q17 「上知天文，下知地理」這句話最初是形容哪個歷
史人物？

❶ 姜子牙　❷ 伍子胥　❸ 劉伯溫　❹ 諸葛亮

② 《敦煌變文章・伍子胥變文》：吳國賢臣伍子胥，上知天文，
下知地理，文經武律，以立其身。

Q18 有句俗話說「司馬昭之心，路人皆知」。問：司馬
昭打算作什麼？

❶ 寫一本史書　❷ 篡位當皇帝　❸ 反對推行新法　❹ 娶妃納妾

② 司馬昭廢黜（亦稱甘露事變）前，曹髦曾說：「司馬昭之心，
路人皆知也！吾不能坐受廢辱，今日當與卿等自出討之。」

Q19 電影《投名狀》是改編自下面哪一件清朝懸案？

❶ 順治皇帝出家　❷ 楊乃武與小白菜冤案

❸ 兩江總督馬新貽被刺殺案　❹ 雍正皇帝無頭懸案

③ 《投名狀》的故事背景是清朝太平天國時期，故事大綱改編自
清末四大奇案之一的刺馬案。

⊗ 選擇題

Q20 曾經有一位大陸少年前往埃及「路克索神殿」旅遊時，在一處浮雕刻上「某某某到此一遊」七個大字的塗鴉，引起各界撻伐。

問：「到此一遊」塗鴉在中國與下列哪個典故有關？

❶ 孫悟空在如來佛上寫「到此一遊」
❷ 顏真卿用筆沾黃土水在牆上練字
❸ 李白題〈遊金陵鳳凰台〉一詩
❹ 岳飛在沙地習字

---

❸ 李白題〈遊金陵鳳凰台〉一詩

唐朝詩人李白年輕時第一次來到了黃鶴樓，看見長江美景，想題詩留念，忽然看見詩人崔顥在黃鶴樓裡題的〈黃鶴樓〉詩句。李白看了之後讚嘆不已，總想找機會與之比美，之後他在遊金陵鳳凰台時也寫了同名詩。正是因為有了古人這樣的題記風俗，後人也想照本宣科，但又寫不出什麼詩詞歌賦，只好寫上「某某某到此一遊」，如此不文明的行為，根本無法與古人的題記風俗相比。

⊗ 選擇題

Q21 金末元初劉祁所著的《歸潛志》記載，
中國在當時已有太陽眼鏡，鏡片為煙晶
所製，通常只有衙門的官員會戴。
問：當時衙門官員戴墨鏡的原因是？

❶ 隱藏眼神反應
❷ 遮陽
❸ 代表能窺陰陽
❹ 暗示可以收受賄賂

❶ 隱藏眼神反應
根據金末元初劉祁所著的《歸潛志》記載，當時衙門的官員戴
墨鏡的目的不是為了遮陽，而是為了聽取供詞，不讓他人看見
自己的反應。

Q

⊗ 選擇題

Q22 我們把北京的故宮稱為「紫禁城」，請問其中的「紫」指的是什麼？

❶ 因天子愛所以用
❷ 紫色是貴族的象徵
❸ 天上的紫微星
❹ 紫色是天子才可用的顏色

❸ 天上的紫微星

紫禁城名字來自「紫微星垣」，中國古代星像學家把天上的星星分為 3 垣、4 象、28 星宿等。其中 3 垣指紫微星垣，太微星垣和天市星垣。紫微星垣居於正中，劇傳皇天上帝的居所（紫宮）就在紫微星垣中，人間皇帝自稱「天子」便仿皇天上帝居所的名字用其「紫」字為紫禁城。

⊗ 選擇題

*Q*23 大家都知道蔡倫發明紙，但沒人知道其實燒金紙的由來也是因為蔡倫而起。燒紙錢的由來為何？

❶ 神明托夢
❷ 第一批發明出來的紙品質很差
❸ 燒紙陪葬使徒弟復活
❹ 家中失火

❸ 燒紙陪葬使徒弟復活

傳說蔡倫的徒弟尤秀才死去時，親人燒紙陪葬，三天後尤秀才復活，尤秀才卻說：「不要害怕，我是真的活了，是閻王放我回來。是你們燒的這些紙救了我。這些紙燒化之後，到了陰曹地府就變成了錢。我用這些錢買通了閻王爺，閻王老爺就把我放回來了。」此後，給死人燒紙的風俗就一直流傳下來了。

⊗ 選擇題

Q24 「胡同」是北京著名的建築特色。
問：「胡同」一詞來自蒙古語，它原本
指的是？

❶ 門廊
❷ 磚牆
❸ 帳棚
❹ 水井

❹ 水井

胡同是從蒙古語「忽格洞」一詞演變而來，它本來的意思是指
水井。蒙古人非常重視水資源，所以元朝大都在建設時「因井
而成巷」，每一條胡同裡，基本上都有一口水井。

⊗ 選擇題

Q25 古代的「花名冊」指的是什麼東西？

❶ 椿腳名冊
❷ 科舉榜單
❸ 戶口名簿
❹ 生死簿

❸ 戶口名簿

「花名冊」的由來是舊時登錄戶口的冊子，把人名叫做「花名」，戶叫做「花戶」。《元典章・聖政二・均賦役》記載：「差科戶役先富強，後貧弱，貧富等者先多，後少丁，開具花戶姓名。」《清史稿・食貨志一》也有記載：「冊內止開裡戶丁實數，免列花戶，則薄籍不煩而丁數大備矣。」「花名冊」因此而來。

Q

⊗ 選擇題

Q26 古時候以「斷袖」形容同性戀，以下何者不是古時候對同性戀者的別稱？

❶ 餘桃
❷ 龍陽
❸ 弄璋
❹ 分桃

❸ 弄璋

「餘桃」來自《韓非子‧說難》，彌子瑕仗著衛靈君的疼愛，大膽將果園裡桃子摘下來咬後，並給衛靈公，又有人說「分桃」。

「龍陽」在《戰國策‧魏策》中記載，魏王封爵男寵龍陽君，並下令提納美人者誅殺九族。

「弄璋」出自《詩經》，原意是生了男孩可以玩玉器。

Q

⊗ 選擇題

Q27 以下哪一道菜餚和其菜名中的人物毫無關聯？

❶ 宮保雞丁
❷ 左宗棠雞
❸ 東坡肉
❹ 麻婆豆腐

❷ 左宗棠雞

左宗棠雞的發明人是彭長貴。蔣經國食後甚感美味，詢問菜名，彭長貴隨機應變，說是清末湘軍名將左宗棠當年愛吃的一道炒雞塊，借用左宗棠之名為這道菜加持，於是得名。

宮保雞丁由丁寶楨所發明，是他招待客人時叫家廚煮的菜餚。由於丁寶楨後來被封為東宮少保，所以被稱為「丁宮保」，而這道菜亦被稱為「宮保雞丁」。東坡肉，相傳出自宋代大文豪蘇東坡的故事。麻婆豆腐：大約在清同治初年（1874年以後），由成都市北郊萬福橋一家名為「陳興盛飯舖」的小飯店老闆娘陳劉氏所創。因為陳劉氏臉上有麻點，人稱陳麻婆，她發明的燒豆腐就被稱為「陳麻婆豆腐」。

⊗ 選擇題

Q28 「笨蛋」在現代是一種罵人的詞語，但是在古代卻不是這樣的用途。
問：笨蛋的「笨」最早指的是什麼？

❶ 地名
❷ 造紙原料
❸ 官階
❹ 畚箕

❷ 造紙原料

《說文解字》說：「笨，竹裏也。從竹，本聲。」《廣雅・釋草》解釋得更加詳細：「竹其表曰笢，其裏曰笨。」「笨」是竹子的裏層，是竹子殺去青皮後留下的部分，是一層白色的薄膜，像紙一樣又薄又白，可作造紙的原材料。

⊗ 選擇題

Q29 現代人常會有一句座右銘是用來勉勵自己，鞭策自己。

問：座右銘最初的來由是以下何者東西？

❶ 經文
❷ 酒具
❸ 碗勺
❹ 石頭

---

❷ 酒具

座右銘最初並非是置於座右的銘文，而是一種稱為欹器的酒具，並且和春秋五霸之一齊桓公有關。欹器是一種奇特的盛器酒器，空著的時候往一邊斜，裝了大半罐則穩穩當當地直立起來，裝滿了則一個筋斗翻過去。這種欹器給人不能自滿，自滿就要栽筋斗的啟示。

齊桓公生前座位右邊總是放著一個欹器，用以警戒自己，不要驕傲自滿，齊桓公死後，國人為他建造廟堂也忘記將器皿放入廟堂之中供人祭祀。

Q30 趙錢孫李，周吳鄭王是「百家姓」中前面幾個姓氏。
問：《百家姓》排列的原因是什麼？

❶ 便於誦讀
❷ 人口數多寡
❸ 皇帝下旨
❹ 隨機抽選

❶ 便於誦讀

《百家姓》的次序不是各姓氏人口實際排列，是因為讀來順口，易學好記。本是北宋初年杭州的一個書生所編撰的，將常見的姓氏編成四字一句的韻文，像一首四首詩。《百家姓》本來收集411個經增補到504個姓，其中單姓444個，複姓60個。

⊗ 選擇題

Q31 我們常用「門外漢」形容外行人，最初「門外漢」所指的「門」是指？

❶ 衙門
❷ 城門
❸ 廟門
❹ 佛門

❹ 佛門

門外漢的典故來自蘇東坡的《宿東林偈》一詩，證悟法師與此庵禪師就此詩辯論關於蘇東坡對於禪與佛道的參悟。此庵禪師認為蘇東坡是門外漢，指的是「佛門」之外。

⊗ 選擇題

Q32 象棋中除將帥設一個，士、象、車、馬、炮都是兩兩成對。
問：為什麼象棋中唯獨「兵」和「卒」設 5 個？

❶ 配合棋盤格式
❷ 沿襲古代兵制
❸ 採人多勢眾之意
❹ 為了方便收納棋子

❷ 沿襲古代兵制

隋唐以後，各朝代的兵制大多沿襲漢制。但是，不管兵制如何演變，士兵的基本建制單位大多維持 5 人之伍，所以這也就是為什麼象棋的「兵」、「卒」各有 5 個的緣故。

⊗ 選擇題

Q33 成語「五花八門」中的五花、八門指的是什麼？

❶ 陣法
❷ 隊形
❸ 顏色
❹ 卦象

❶ 陣法

五花陣：一種五行陣，五行是指金、木、水、火、土，它們又分別代表紅、黃、藍、白、黑等5種顏色，將這幾種顏色混在一起，能得到更多顏色，作戰時，能讓敵人眼花撩亂。

八門陣：也稱為八卦陣，八八可以變成64卦，能讓敵人迷失方向。

□ 圖片題

Q34 故宮出品的「朕知道了」紙膠帶，因為
特殊文字造型造成大家熱烈搶購。
問：「知道了」一詞是出自哪位皇帝？

❶ 康熙
❷ 雍正
❸ 乾隆
❹ 嘉慶

❶ 康熙

「知道了」是皇帝批閱大臣奏摺的常用語，意思是說所奏之事
「朕」知道了。自古以來，臣工向皇帝進呈的報告名稱繁多，
如章、奏、表、議、疏、啟、書、記、狀、札、揭、封事等，
以「奏摺」為名，則始於清康熙年間。到了乾隆朝，成為定制。

圖片取自故宮官方網站。

快問　ROUND 2　快答

Q35 下列哪一個選項不是母親的稱謂？

❶ 萱　　❷ 北堂　　❸ 家慈　　❹ 椿庭

④ 中國古代父親的代表植物是「椿」，古人把父親稱「椿庭」。

Q36 「不敢越雷池一步」，意思是做事不敢超越一定的界限和範圍。問：「雷池」原本指的是？

❶ 湖　　❷ 橋　　❸ 城　　❹ 山

① 在今安徽省望江縣東南。它是雷水自今湖北省黃梅縣流到安徽省望江縣東南積水而成的一個池。

Q37 「驚天動地」一詞，原本是形容？

❶ 岳飛以「莫須有」的罪名被賜死　　❷ 唐玄宗與楊貴妃的愛情

❸ 李白詩文的影響力　　　　　　　　❹ 火藥發明的作用

③ 白居易在《李白墓》一詩中詠道：「可憐荒壟窮泉骨，曾有驚天動地文！」表達了千百年來人們對李白詩文的高度評價。

Q38 玄奘是唐朝的著名法師，也俗稱唐三藏。問：三藏的「藏」原來代表什麼意思？

❶ 寶藏　　❷ 容器　　❸ 躲藏　　❹ 法器

② 「三藏」，又叫「三法藏」。藏，梵語，意為容器、穀倉等等。「三藏」即經藏、律藏和論藏，指的是印度佛教聖典的三種分類。

Q39 「爽」字表示愉悅，「爽」字從象形來看，所描繪的形象是？

❶ 樹上有花　　❷ 腋下有火　　❸ 桌上有菜　　❹ 屋下有人

② 甲骨文字形，像人左右腋下有火，表示明亮。

選擇題

Q40 在過去高跟鞋並不是女人的專利。第一個穿上高跟鞋的人是誰?

❶ 路易十四
❷ 拿破崙
❸ 凱薩大帝
❹ 亨利八世

❶ 路易十四

法國的路易十四國王,雖然他率領法國軍隊與歐洲其他國家打了許多場勝仗,但是如此輝煌的成就,也不能滿足他的虛榮心。對於自己矮小的身高,路易十四始終耿耿於懷,於是他戴了一頂高聳的假髮,並且穿上一雙軟木做的 5 英寸高跟鞋,讓他的身高看起來比較高,就是為了使那些高個子們敬畏自卑。

Q

⊗ 選擇題

Q41 最早有文獻記載魔術的國家是？

❶ 中國
❷ 印度
❸ 俄羅斯
❹ 埃及

❹ 埃及

根據埃及文獻《威斯卡手稿》上記載，大約是在西元前 2600
年，有一位名叫德狄（Dedi of Dedsnefu）的魔術師，受召為法
老王進行表演。他能將鵝的頭砍下，而斷了頭的鵝依然能走
動，最後再把頭接回去變回原本的鵝。

Q42 我們都知道星期一到星期天一共有 7 天,稱為一週,那這個星期制是由哪個民族發展出來?

❶ 巴比倫人
❷ 馬雅人
❸ 印度人
❹ 中國人

❶ 巴比倫人

猶太人對星期的觀念可能來自西南亞美索不達米亞的閃族人及巴比倫人,他們將一年分成星期來計算,一星期有 7 天,其中一天是休息的日子。早在巴比倫的時代即以日、月配上當時所知的 5 個行星用來計日,7 天為一週,分別為太陽日,月亮日,火星日,木星日,金星日,土星日。

⊗ 選擇題

Q43 我們所熟知的填充玩具「泰迪熊」，是以哪一位名人命名？

❶ 邱吉爾
❷ 羅斯福
❸ 麥克阿瑟
❹ 甘迺迪

❷ 羅斯福

1902 年第 26 任美國總統賽奧多・羅斯福，在密西西比河獵黑熊，隨同的官員將一隻小熊綁在樹上方便總統射殺，羅斯福總統不忍心開槍而放走小熊，當時的政治漫畫家將此事畫成諷刺漫畫，而美國一對夫妻莫理斯與露絲・米奇，照著漫畫所畫的小熊縫製了玩偶在自家販賣，並用羅斯福總統的小名「泰迪」來命名。

□ 圖片題

Q44 文藝復興時期巨匠達文西作品《最後的晚餐》，是取自於聖經的題材。
問：畫面中的 12 門徒為何坐立難安？

❶ 信徒中有人不合
❷ 因為尊敬耶穌而惶恐
❸ 因為用餐時間太久
❹ 正在議論紛紛誰是背叛者

❹ 正在議論紛紛誰是背叛者

在耶穌被帶走前的最後一餐中，沿著餐桌坐著 12 個門徒，形成 4 組，耶穌坐在餐桌的中央。他在一種悲傷的姿勢中攤開了雙手，示意門徒中有人出賣了他。由李奧納多·達文西於米蘭的天主教恩寵聖母的多明我會院食堂牆壁上繪成，1470 年代一公爵盧多維科·斯福爾札，擴建會院。達文西選擇了食堂北牆繪製他打稿已久的油畫《最後的晚餐》，就連顏料也是他自己的發明，是一種油彩與淡彩的混合顏料。而非中世紀時期廣被運用的濕壁畫顏料。

Q45 瑪麗蓮•夢露是經典的性感女神代表，她的形象經典標誌，就是她走路的姿態，後來人們都稱這種步態為夢露步態。
問：夢露步態曾被記者發現，是用了什麼技巧才擁有這種姿態？

❶ 將其中一隻高跟鞋鞋跟切掉一小吋
❷ 兩腳穿不同號的鞋
❸ 使用腳尖走路，後腳跟不著地
❹ 蓄意扭動屁股

❶ 將其中一隻高跟鞋鞋跟切掉一小吋

曾有記者聲稱他發現了「夢露步態」的祕密，他說夢露把自己高跟鞋中的一隻鞋的後跟切掉了 1/4 英寸，所以走路時身體就會產生一種迷人的扭動。

⊗ 選擇題

Q46 三明治（Sandwich）原是英國的一個地名。最初是因為哪個活動而產生？

❶ 旅遊
❷ 打獵
❸ 打牌
❹ 騎馬

❸ 打牌

約在兩百多年前，在倫敦的東南方，靠近英吉利海的英國三明治（Sandwich）地區，有位視賭如命的約翰蒙泰格（John Montague）伯爵，整日沈迷在賭桌。他去的俱樂部有個附屬的牛排館，他就叫服務生送來一些去骨的烤肉片、乳酪片和幾片麵包，他就把烤肉和乳酪夾在麵包裡，一隻手拿著吃，而另一隻手仍可繼續賭牌。後來人們紛紛模仿這位來自三明治地區伯爵的吃法，於是這種食物就被稱為「三明治」。

Q47 日本人在 16 世紀末時，稱台灣為下列何者？

❶ 小琉球
❷ 東番
❸ 大員
❹ 高砂

---

❹ 高砂

「高砂」二字原本是日本戰國時代至德川幕府時期對台灣的稱呼，當時台灣被日本人稱之為「高砂國」，而台灣原住民自然就被稱為「高砂族」，後來被徵調到南洋打仗的就被稱為「高砂義勇軍」了。「高砂」二字一直被沿用到昭和初年才停止使用，而「高砂」在日文裡，其實就是「美麗之島」的意思，換句話說，「高砂」就等於日文版的「福爾摩沙」。

Q

⊗ 選擇題

Q48 李安導演以《少年 Pi 的奇幻漂流》一片拿下金像獎最佳導演獎。
問：美國影藝學院獎暱稱為「奧斯卡」獎，奧斯卡是誰的名字？

❶ 金像獎創辦人
❷ 知名導演
❸ 知名演員
❹ 路人

❹ 路人

奧斯卡金像獎是由米高梅的執行長西追吉本斯（Cedric Gibbons）所設計，奧斯卡官方網站表示，金像獎獎盃的暱稱來源，最廣泛流傳的說法是，當時美國影藝學院（Academy of Motion Pictures Art and Sciences）中一名圖書館員，看見獎盃的樣子後說：「這獎盃真像我叔叔奧斯卡」，後人便暱稱金像獎為奧斯卡。

⊗ 選擇題

Q49 馬卡龍是名媛貴婦最愛吃的甜食之一，外表酥脆、內餡柔軟，因此又稱為「少女的酥胸」。最早是哪個場合的甜食呢？

❶ 皇室貴族
❷ 婚禮
❸ 修道院
❹ 聖誕夜

❸ 修道院

馬卡龍最早出現在義大利的修道院，當時有位叫 Carmelie 的修女為了替代葷食，而製作這種由杏仁粉做成的甜點，因此又稱為「修女的馬卡龍」，直到 1533 年，義大利皇室凱瑟琳公主，與法國國王的亨利二世結婚，馬卡龍才被帶到法國。

Q

Q50 卡通是陪伴我們童年的電視節目,而「卡通」一詞的由來是因為它的材質。
問:最早的卡通,它的材質是?

❶ 電影膠捲
❷ 厚紙板
❸ 沙畫
❹ 布衣

❷ 厚紙板

「卡通」這個字詞是根據義大利文「Cartone」來的,原來的意思是一種「厚紙」,把紙的意思延伸,用來表示正式畫一幅大畫之前的草稿。世界上第一部卡通影片,是在西元 1908 年由法國人柯賀所攝製,片長只有 5 分鐘而已。

Q

⊡ 圖片題

Q51 圖為世界歷史上的「第一張郵票」。
問：世界上第一個是使用郵票及郵筒的
是哪一個國家？

❶ 英國
❷ 日本
❸ 義大利
❹ 法國

❶ 英國

第一批郵票於 1840 年 5 月 1 日正式發行，因為其面值 1 便士
且用黑色油墨印刷，所以收藏家稱之為「黑便士」，是世界上
第一枚郵票。該郵票圖幅為 19mm×23mm，無銘記，無齒孔，
有背膠，有小皇冠水印。英國是世界上最早有郵票的地方，郵
筒也不例外，據悉在英國海峽群島昆西聯合街上，一座郵筒標
示日期是 1853 年 2 月 8 日，被認為是世界上最早的郵筒。

⊗ 選擇題

Q52 韓國傳統的筷子，幾乎都是以不銹鋼為主，極少用木頭或塑膠製作。
問：韓國人使用不銹鋼筷子是因為何種原因演變而來？

❶ 皇太子喜好
❷ 測試食物毒性
❸ 容易清潔
❹ 代表國家堅忍精神

❷ 測試食物毒性

古代的韓國皇室，會以純銀筷子測試食物是否有毒，因此銀器餐具便大行其道。另外，相傳以前韓國人會用銀筷子來測試埋在泥土下泡菜缸的泡菜，避免變壞而導致食物中毒；隨著時代演變，現代韓國人除了銀器餐具外，亦會使用不鏽鋼餐具，事實上，銀筷子可說是韓國餐具的代表。《大長今》中每次皇帝用膳前，都由娘娘以銀筷子試菜，後來，銀筷子逐漸演變成今日的不銹鋼筷子。

Q

⊗ 選擇題

Q53 問：「體操」（gymnastics）一詞來自古希臘語，原意是指什麼呢？

❶ 運動
❷ 裸體
❸ 汗水
❹ 強壯

❷ 裸體

「體操」一詞，來源於希臘文 gymnastike，最早由古希臘語 gymn'os（意為裸體）演變而來。古希臘人崇尚強壯體魄的各種運動，更崇尚裸體運動。最初，古希臘運動會的參賽選手並不赤身裸體，後來因為一位身穿獅皮的選手在比賽時不慎將獅皮脫落，露出了健美的肌肉。人們因而發現裸體更能體現人體的健美，以後便形成了選手參賽必須赤身的傳統。

Q54 伊斯蘭曆的第 9 個月,是回教的齋戒月。問:齋戒月的由來,是因為這個月發生了什麼事?

❶ 穆罕默德誕生
❷ 真主阿拉將「可蘭經」給穆罕默德
❸ 回教創立
❹ 回教徒被大屠殺

❷ 真主阿拉將「可蘭經」給穆罕默德

賴買丹月,又譯拉瑪丹月,是伊斯蘭曆第 9 個月,該月名字意為「禁月」,是伊斯蘭教穆斯林的齋戒月,亦是 12 個月中最神聖的。這個月是真主安拉下降給穆罕默德聖人的月份。古蘭經裡亦明言規定符合條件之穆斯林必須於此月守齋戒,每天從日出到日落期間停止飲食、性交等活動,日落後直至晨禮(意即「日出」)前都可正常作息吃喝,晨禮喚拜一起便又進入齋戒狀態。

快問　ROUND 3　快答

Q55 4 個朋友要一起去吃飯，當中有台灣人、美國人、印度人和阿拉伯人。問：依據各國文化他們會選擇吃什麼？

❶ 培根三明治　❷ 羊肉爐　❸ 牛小排　❹ 豬肉漢堡

② 阿拉伯人因信奉伊斯蘭教而不食用豬肉，印度人將牛視為神獸因此不食用牛肉。

Q56 外國人喜歡吃炸魚排，而一星期中的哪一天炸魚排會賣得特別好？

❶ Sunday　❷ Monday　❸ Friday　❹ Saturday

③ Friday 的同音字 fry day 是魚要被炸（fry）的日子。有些基督徒因為宗教的原因，在星期五不吃肉，但是可以吃魚，所以賣炸魚排的店星期五時的生意特別好。

Q57 西班牙盛行的鬥牛傳統活動，蘊含獨特意義。問：鬥牛場上的牛死後會如何處理？

❶ 表示感謝後吃掉　❷ 埋進牛專用的陵園　❸ 眾人鞠躬火葬
❹ 賣給高價購買的人

① 在西班牙的地中海沿岸，牛被視為神聖的動物，有把牛做為祭品的傳統，鬥牛就是透過吃牛肉來對賜予食物的神明表達感謝之意。

Q58 英文中「Sunny-Side」是指何種煎蛋的做法？

❶ 只煎一面　❷ 煎到全熟　❸ 將蛋黃打散　❹ 兩顆蛋一起煎

① 蛋黃的那一面在上。這是只煎一面的荷包蛋，一顆黃澄澄的「太陽」躺在蛋白的正中央。

Q59「那卡西」一詞，在日文中原本的意思是？

❶ 唱歌　❷ 演奏　❸ 流動　❹ 販賣

③ 那卡西是日文「流し」（Na˙ga˙shi）的音譯，原意指的是沖洗、流動。

護理師　**林沛儀**

大學校際對抗賽　**黃俊喻**

海選　**黎　薇**

爸爸　**葉昌智**

工程師　**張榆澤**

高中職老師　**吳光昇**

公關　**洪鈺承**

高階主管　**林孟宏**

研究生對抗賽　**劉柏含**

鑑定師　**羅　斌**

保險業對抗賽　**林新等**

公益團體　**王建民**

大一新鮮人　**鄭伃倢**

遺珠　**孔繁鈞**

公務員　**莊何江**

國小六年級班長　**葉朗敬**

情侶　**馬瑞辰**

醫師（Part2）　**李咏軒**

文史達人　**連　耘**

以上依照節目播出時間順序。截錄至本書截稿

我的
檔案夾 01

金頭腦
終極題庫200選

作　　　　者	小宇宙金頭腦製作團隊、超級電視台
審　　　　定	田園、楊念慈、楊曉菁、潘彥宏、劉怡里

出　版　者	寫樂文化有限公司
創　辦　人	韓嵩齡、詹仁雄
發　行　人	韓嵩齡
責 任 編 輯	Vivi Wu
書 籍 設 計	犬良設計
發 行 業 務	高于善

發 行 地 址 106 台北市大安區四維路 14 巷 4-1 號

電　　　話 (02) 6617-5759

傳　　　真 (02) 2701-7086

劃 撥 帳 號 50281463

讀者服務信箱 soulerbook@gmail.com

總　經　銷 時報出版

公 司 地 址 台北市和平西路三段 240 號 5 樓

電　　　話 (02) 2306-6600

傳　　　真 (02) 2304-9302

第一版第一刷　2014 年 1 月 8 日
第一版第五刷　2014 年 6 月 20 日
ISBN 978-986-90280-0-4

本書部分圖片引用自維基百科公開資源做法。

國家圖書館出版品預行編目（CiP）資料

金頭腦之終極題庫 200 選 / 小宇宙金頭腦製作團
隊，超級電視台 .-- 第一版 .-- 臺北市：寫樂文化，
2014.01
　　面；　公分 .--（我的檔案夾；1）
ISBN 978-986-90280-0-4(平裝)

1. 常識手冊

046　　　　　　　　　　　　　　　102027136